Vue imprenable sur la folie du monde

Vue imprenable sur la folie du monde
se prolonge sur le site www.arenes.fr

Éditions des Arènes
27, rue Jacob, 75006 Paris
Tél. : 01 42 17 47 80
arenes@arenes.fr

Denis Robert

Vue imprenable sur la folie du monde

les arènes

À Jean-Marie

C'est le commencement qui est le pire, puis le milieu puis la fin ; à la fin, c'est la fin qui est le pire.

Samuel BECKETT

1.
Les enfants

C'était un jour de soleil. Un des premiers jours de beau temps après un début de printemps maussade et un hiver calamiteux. J'habite une maison avec un bureau en rez-de-chaussée qui donne sur un jardin. Alors qu'autour de moi, dans le village, tout le monde a le pied sur la pédale de la tondeuse dès que le soleil pointe et qu'un brin d'herbe dépasse la cote autorisée, je renâcle à l'exercice. Je trouve toujours des excuses pour ne pas tondre. Je résiste jusqu'au jour où je passe pour le pire des paresseux, où la pression est trop forte et l'herbe trop haute. Alors je me lance et j'encrasse immanquablement la machine. Il faut la faire réparer car la courroie a cédé. Ce qui me fait gagner encore un peu de temps. Là, j'étais dans ma période de résistance. Je traînais dans mon bureau à me demander où j'allais bien pouvoir trouver une courroie. Les fenêtres étaient ouvertes sur la pelouse. Devant moi, un téléviseur fonctionnait en sourdine derrière une montagne de bouquins. Tout en haut de la pile, le livre de Cormac McCarthy, *La Route*. C'est un roman d'anticipation * où l'écrivain du sud des États-Unis – il est né dans le Nord, à Providence, mais vit au Nouveau-Mexique – imagine notre univers après une catastrophe. L'auteur ne fixe aucune date, mais son monde pourrait être le nôtre dans quelques dizaines d'années. Il fait évoluer ses personnages dans un désert glacial, gris et nuageux, peuplé de survivants. Un père et son fils marchent vers la mer, au milieu des décombres de l'ancien monde. C'est captivant et flippant. J'avais son livre sous les yeux. En même temps, quatre enfants jouaient à la guerre dans mon jardin aux herbes folles.

Le livre de Cormac McCarthy refermé, on se dit que ce qu'il décrit est possible. On se demande comment les hommes pourraient arriver à cette extrémité. Il pousse à bout la logique de désintégration du capitalisme. Il fait voler en cendres le principe de consommation infinie, la démission des politiques, la logique de domination d'une minorité et le combat des nations entre elles. La course éperdue au profit conduit à des absurdités qui mèneraient à une rupture. À moins de croire à l'éternité, aux biorythmes ou à un Dieu de béatitude, il n'y aurait pas d'autres issues qu'une sorte d'apocalypse. Ce serait, si l'on suit cette *route*, une question d'échéance. Nous ne serions pas dans ce monde éternellement. Nous serions en train de le finir pour peut-être en reconstruire un autre. Dans plusieurs interviews, McCarthy explique qu'il a eu l'intuition de son roman alors qu'il séjournait dans un motel du sud des États-Unis et qu'il a vu un père et un fils marcher dans un nuage de sable au milieu de panneaux publicitaires déglingués.

* *La Route* a été édité en France, en 2008, aux Éditions de l'Olivier et *The Road* aux États-Unis, en 2006 chez Alfred A. Knopf.

Ce jour-là, la télévision repassait en boucle les confessions de Jérôme Cahuzac. Ce pardon au bord des larmes quémandé par un ministre dépressif. Son interviewer à la mèche blanche, à l'œil rieur, aux lèvres et au sourcil nerveux, était, de toute évidence, fier de son coup : *Et vous avez pensé au suicide ? Comme ça entre nous c'est quand même pas de chance ce coup de téléphone enregistré par hasard ? Comment faites-vous pour tenir ?* Il cherchait, sans trop y croire, l'écroulement de l'ancienne star du gouvernement, le K.-O. en léger différé, qui ensuite aurait tourné encore plus en boucle. Jérôme avait la tête du type qui se repasse mentalement la bande des derniers mois. Il serrait les dents. Je l'appelle Jérôme car une proximité est née entre lui et moi. Nous avons des amis en commun. Sa chargée de communication avait dû le briefer. Surtout ne pas craquer. Être dans la contrition. Au gouvernement, ils auraient bien aimé l'expédier sur Mars. Voire qu'il se désintègre en plein vol. Mais le Jérôme est plus résistant que prévu. Mâchoire crispée, col de la chemise blanche ouvert au premier bouton, élocution pondérée, il assume.

Depuis son aveu, le pays semble craquer de partout. Comme si une lente fragmentation opérait en coulisse. À l'Assemblée, les députés sont de plus en plus nerveux, ils en viennent aux mains et en appellent à la guerre civile. La droite est revancharde, la gauche déboussolée. Enfin, je dis gauche. Le moral des Français reste en berne pour le trente-troisième mois consécutif. Les journalistes financiers qui semblent découvrir que les banquiers nous siphonnent tranquillement depuis des lustres répètent en boucle que la crise est devant nous. Les journaux télévisés passent de *l'affaire Cahuzac* à la *offshoreleaks*, un listing de plus de deux millions de comptes *externalisés* comme disent les professionnels de l'optimisation fiscale *. Un banquier suisse menace de révéler les forfaitures de *quinze autres* hommes politiques français ayant des comptes cachés en Suisse **. Le climat autour de ces questions d'argent et de pouvoir est délétère. Vaguement explosif. Jean-François Copé se glisse entre deux sujets en assurant l'œil noir qu'il ne livrera pas le montant de son patrimoine en pâture aux... On sent qu'il pense aux chiens, mais il ne franchit pas le Rubicon. Les chiens et le fantôme de Bérégovoy pourraient le mordre. Suivent les dernières déclarations de François Hollande pour lutter contre la corruption, les trafics bancaires et les paradis fiscaux. Il gesticule, l'œil humide, quémandant un peu de compassion : *Je vous promets que tout va changer, tout va être moralisé, faites-moi confiance...* On a envie de lui passer la main sur l'épaule au président tout chiffonné dans son costume trop grand, de lui dire de foncer maintenant. Qu'est-ce que tu risques au fond ? Passer de 25 % d'opinion favorable à 24 ? La guigne.

Woody, mon fils, joue à la guerre avec ses copains dans le jardin, alors que le vent se lève en légers tourbillons de poussière. Mon répondeur est blindé de messages auxquels je répondrai ce soir. On se souvient de moi et de ces années

* Révélée en avril 2013 par un consortium de journalistes américains auquel sont venus s'agglomérer des journaux européens (dont *Le Monde*), cette *offshoreleaks* (littéralement fuite extraterritoriale) concerne 120 000 sociétés *offshore* ayant ouvert des comptes dans les îles anglo-normandes et dans des paradis fiscaux des Caraïbes.

** Pierre Condamin-Gerbier, un ancien cadre ayant travaillé pour UBS et la banque genevoise Reyl, a été placé en détention provisoire à Berne le 5 juillet 2013 à la suite d'une plainte de la banque Reyl pour *vol, falsification de documents et violation du secret professionnel et commercial.* Sa liste n'était toujours pas connue en août 2013. Et pour cause, selon son avocat, P.C.-G. l'aurait inventée pour faire pression.

de combat contre l'hydre financière. Le journaliste qui a tenu le choc contre une armée de mécréants et des procès en rafale. Je suis leur mauvaise conscience. Le 1er octobre 1996, j'étais à Genève à la tribune de l'université avec sept magistrats européens réclamant une meilleure circulation des informations entre eux. Presque mot pour mot ce que proposent Hollande et Moscovici aujourd'hui. *Les circuits occultes empruntés par les organisations criminelles se développent en même temps qu'explosent les échanges financiers internationaux et que les entreprises transfèrent leurs sièges au-delà des frontières nationales. Les autorités politiques qui ont elles-mêmes profité de ces circuits se révèlent incapables de s'attaquer aux dérives de cette Europe de l'ombre*, dénonçait mon ami Bernard Bertossa, le procureur général de Genève. *La justice est un mammouth et les criminels sont des léopards,* soufflait Baltasar Garzón, le juge espagnol. *De toute manière, nous n'y arriverons pas car les politiques ne vont pas scier la branche sur laquelle ils sont assis,* concluait avec lucidité Renaud Van Ruymbeke le Français. Renaud avait raison. Toutes ces années perdues.

Woody s'approche de ma fenêtre. Il me demande de lui passer un foulard qu'il noue autour de son cou pour faire comme les Marines dans les films qui passent sur RTL9 :

– *Papa à quoi tu penses ?*

– *À rien... un vieux truc.*

Au milieu des graminées, entre les sapins et les peupliers, alors qu'un nuage noir pointe et que le vent redouble d'intensité, les troupes préparent leurs munitions. Woody porte une veste kaki, son foulard sur la bouche et un casque de soldat américain en plastique. Le casque porte la mention GI Joe. C'est un accessoire sous licence Hasbro, la multinationale américaine qui s'est spécialisée dans les jouets de guerre. Elle participe aussi à la production de *block-busters* qui déferlent sur tous les écrans du monde. Je l'ai acheté chez le marchand de journaux du village. GI Joe. Des Ricains font la guerre au Vietnam. Ils ont besoin de se faire aimer. Ils inventent cette petite figurine en plastique et l'habillage qui va autour. Ils ont compris, avant tout le monde, que la guerre était d'abord une question de réputation. Depuis le Vietnam, ils se sont perfectionnés, ont mis en place des mécaniques lourdes et huilées. GI Joe a fait des petits, des nouveaux héros, des super-héros, des super-destructeurs, des guerriers. Ils les font fabriquer en Chine, avec tout l'attirail qui va avec. Ils font de la guerre et de leur politique internationale un combat d'image et un business. Une vague déferlante super-puissante. Un tsunami au circuit alambiqué dont la dernière vaguelette pousse jusqu'au marchand de tabac et journaux de Rozérieulles (Moselle, France).

Paulo a le même âge que Woody et le même casque. Gaspard et Benjamin ont deux ans de plus. Ils roulent sur des vélos MBK, la filiale de Yamaha rachetée à Motobécane, la vieille marque de la manufacture de Saint-Étienne. Au fil du temps, j'ai développé cette déformation neuronale qui consiste à associer à de nombreuses marques leur actionnariat. On retombe souvent sur des fonds de pension et des banques anglo-américaines. On appelle cette activité le *Private Equity**. Depuis les années 70, des géants se sont développés en plaçant leurs petites billes dans tout ce qui pouvait leur rapporter des maxi-boulets. Les américains Goldman Sachs, Carlyle, Norwest, l'anglaise Barclays ou Axa Private Equity, le seul groupe français dans le Top 20,

* Capital investissement, en français.

ont gagné, au fil des ans et des investissements, une force de frappe financière et une capacité d'influence sur les petites et les grandes affaires de la planète supérieures à celles d'un État comme le nôtre. Les marchés ont été dérégulés. Les actionnaires sont aux manettes, les salariés aux oubliettes.

Les petits sont cachés derrière une haie. Ils attendent l'attaque des troupes ennemies. Les grands, plus malins, ont préparé une réserve de pommes de pin qu'ils s'apprêtent à larguer avec des bruits de bombardier. Le père de Paulo vit seul et vend des voitures allemandes, il a eu la garde de son fils car sa femme était dépressive et toxico. Il ne vote pas, il pense que voter ne sert à rien. Il apprend à son môme la politesse et le travail. Le père de Gaspard est le patron d'une PME qui emploie une cinquantaine de personnes. Il s'apprête à en licencier un tiers. Il a une maison près de Saint-Tropez qu'il loue chaque été à des Anglais, un appartement à Courchevel. Il vote à droite et a milité pour la réélection de Nicolas Sarkozy. Il dit qu'il est le seul à pouvoir aider et comprendre les entrepreneurs comme lui. *On fait vivre ce pays, nous,* dit souvent le père de Gaspard quand il est en confiance et a une ou deux bières dans le nez. Contrairement au père de Paulo, il n'est pas autoritaire avec son fils. Il lui a mis dans le crâne qu'à la fin c'est toujours le plus fort qui gagne et que la vie est une succession de défis. Le môme fait de la musculation et du karaté, il est en compétition permanente. Les parents de Benjamin ont passé la soixantaine, ils sont écologistes, médecins et dépassés par la fougue de leur fils. Benjamin est un enfant adopté originaire d'Éthiopie. Il n'arrête pas de parler de cul. En ce moment, il est branché nichon à mort. Il mate, il touche. *Je ne peux pas me retenir msieu.* Ça fait rire Woody qui a tendance à tester ce nouveau jeu sur ses sœurs. L'attaque est imminente.

Woody et Paulo vont se faire balayer. Je leur fais signe, de ma fenêtre, que les bombardiers viennent de la gauche mais ils ne comprennent rien.

Les bombes sont larguées avec violence en pleine face. Woody et Paulo ont saisi leurs bazookas à visée nocturne, en hurlant que ce n'est pas juste. *Ta gueule ou je te coupe les couilles et je te les fais bouffer,* éructe Benjamin en attrapant Paulo et en lui collant le visage au sol. Premières larmes. Premières peurs. Je propose un armistice. Benjamin et Gaspard se retournent, me voient et foncent vers leurs vélos, le regard au ras du sol. Ils filent vers la forêt de peupliers. Au même moment, dans un curieux synchronisme, un homme en sort, le cheveu blanc et taillé en brosse, la même coupe que le général MacArthur, le plus belliqueux des gradés américains. On l'imagine lui aussi sortir du bois en tirant sur une vieille pipe pour nous livrer une de ses sentences : *Les batailles perdues se résument en deux mots : trop tard.* Ou : *Le monde complote constamment contre les braves. Le rugissement de la foule d'un côté et la voix de votre conscience de l'autre.* Le militaire le plus médaillé des États-Unis, républicain et anticommuniste, est mort, à 84 ans, au début de la guerre au Vietnam à laquelle il était opposé. Il a quand même eu droit à sa figurine GI Joe. Elle fait aujourd'hui figure de *collector*. On peut la trouver pour quatre-vingts dollars sur Amazon. Ils l'ont fabriquée en 2003, lui ont collé une paire de jumelles et un air de tueur un peu niais. Les types de chez Hasbro ont omis d'expliquer aux enfants qu'à la fin de sa vie, dans un éclair d'autocritique et de lucidité, Douglas MacArthur lâchait : *Notre gouvernement a su entretenir un climat permanent de peur et une grande ferveur patriotique. Il y a toujours eu une puissance étrangère monstrueuse qui allait nous engloutir si nous ne nous ralliions pas aveuglément en fournissant des fonds exorbitants. Avec le recul, je dois reconnaître que ces catastrophes n'étaient jamais tout à fait réelles.*

Mon général MacArthur s'appelle Jeannot. Il porte un bermuda gris et informe, les chaussettes en accordéon sur ses tennis vieillies. Des Nike essoufflées de la première génération, fabriquées par des enfants de Thaïlande. Comment a-t-il pu les garder si longtemps ?

– *Papa c'est le monsieur du bois,* prévient Woody, les joues rougies par les épines de pin.

– *Ok j'arrive.*

La guerre. La peur. Les enfants. La mort. Un matin, deux ans plus tôt, le long du canal qui coupe la ville de Metz en deux parties inégales, les pompiers ont repêché le corps d'un type de 45 ans. Il vivait seul dans une chambre avec cuisine à l'étage. Il s'appelait Youssef Bendriss, Foyer le Relais, avenue de Blida à Metz. On ne sait pas si on l'a poussé ou s'il s'est suicidé. J'étais avec Woody quand les pompiers ont repêché le corps de Youssef Bendriss. On marchait. J'étais en train de lui dire qu'en dessous de chaque ville, il existe des fondations, des racines, une histoire. *Un peu comme pour les arbres ?* demandait Woody. Je lui disais que parfois la Terre grondait et se révoltait contre les injustices qui lui étaient faites par les hommes. Et puis les pompiers ont sorti le cadavre de ce bras mort de la Moselle. Woody a voulu s'approcher. Il a couru très vite, s'est faufilé. J'ai à peine eu le temps de le rattraper :

– *Tu as vu quelque chose Woody ?*

– *Non, papa*

– *Tu es sûr ?*

– *Il avait les lèvres toutes noires, mais je n'ai pas vu ses yeux.*

C'était sa première confrontation avec la mort. Il avait six ans. Je ne suis pas sûr qu'il ait intégré l'idée. On marchait en silence. Le monde nous apparaissait soudain très blanc. Les rives, les arbres, les bruits de la ville.

– *Tu sais, il est mort, mais bon ça ne veut rien dire.*

– *Je sais.*

Certains jours, tout ce qu'on pense ou entreprend sent le désastre. Le lendemain, heureusement, ça va mieux.

2.

Genève 1996

C'est souvent la même chose. Je crois que je vais être tranquille. Je prends un livre en main, j'allume l'ordinateur. Et je dois sortir de ma bulle. Jeannot, le *monsieur du bois*, a choisi ce jour-là, cette minute-là, pour livrer sa cargaison de rondins. Il ne prévient pas, n'utilise jamais un téléphone. D'ailleurs, il n'en a pas. Il se pointe. Vous êtes là, c'est bien. Sinon, il repasse dans une semaine ou dans un mois. J'avais posé le livre de Cormac McCarthy et j'étais allé chercher une vieille boîte à archives dans ma cave sur laquelle j'avais écrit *Genève 1996. Putain d'Appel.*

Genève et son université. Une longue table avec six magistrats alignés et moi à une extrémité. Un des deux Espagnols, le procureur général de Madrid, s'était excusé. Nous étions contents d'avoir mené cette histoire à son terme. L'initiative était privée, la maison d'édition invitait. Mon dernier livre *Pendant les affaires**, avait été un des succès de la rentrée

* *Pendant les affaires, les affaires continuent*, Stock, 1996, Livre de poche, 1998. Après une censure chez un premier éditeur (Plon), le livre était sorti chez Stock, en catimini. Le bouche à oreille allait en faire un des cartons de l'été 1996.

et le suivant *La Justice ou le Chaos** était lancé ce jour-là. À aucun moment, un gouvernement, un Parlement ou une Commission, fut-elle européenne, ne s'étaient mêlés de notre projet. On nous prenait avec des pincettes. Des esprits peu éclairés craignaient une *République des juges*. On nous reprochait de vouloir faire du commerce avec des idées. *Votre Appel de Genève, c'est de la bonne publicité, non?* Les piles de livres bleus, posées à l'entrée de la salle, diminuaient à mesure que les gens entraient et sortaient. Sept longs entretiens, une préface, quelques réflexions. Un appel lancé à la face du monde et des hommes politiques, tous sourds et aveugles au malaise ambiant. Le titre du bouquin *La Justice ou le Chaos* sonnait comme un ultimatum. Il suggérait l'idée que sans justice, et plus particulièrement sans justice financière, nos sociétés allaient entrer dans une période de dérèglement général pouvant mener à la barbarie. On était en pleine affaire *Mani Pulite* à Milan. Les juges italiens avaient de l'avance sur les autres. Berlusconi était déjà Premier ministre, Mitterrand venait de mourir, Michel Debré aussi. Bill Clinton était le président américain, il y avait eu un attentat aux Jeux olympiques d'Atlanta. Personne ne parlait d'al-Qaida et le financement du terrorisme était le dernier souci de l'administration américaine, même si la NSA avait déjà ses grandes oreilles partout**.

* *La Justice ou le Chaos*, Stock, 1996.

** *National Security Agency*, agence américaine de sécurité créée en 1952 et placée sous la tutelle du ministère de la Défense US. La NSA est chargée d'espionner et de rendre compte, par des écoutes et des surveillances, de tout ce qui pourrait nuire ou devenir une source d'embarras pour les intérêts américains.

L'Appel de Genève a produit un sacré coup de tonnerre dans le paysage politique et judiciaire. Chaque année, pendant une décennie, telle une bombe à déflagration paresseuse et imprévisible, on en a célébré l'anniversaire. Après dix ans, les commémorations se sont calmées pour renaître en 2013. Il y a eu des tas d'interviews, de dîners, de colloques, de rencontres avec des députés, des ministres de la Justice en France, en Belgique, en Italie, en Espagne, en Allemagne. Il y a eu des rendez-vous avec des candidats à la présidence de la République, avec des syndicats de magistrats, avec des fonctionnaires européens. Il y a eu des tombereaux de promesses et des dizaines d'appels à la suite du nôtre. Appels des putes, des petits maires, des économistes antilibéraux, des téléspectateurs en colère. Appel de Paris, de Berlin, de Tombouctou. Il y a même eu un contre-Appel de Genève sur l'initiative de tous les avocats parisiens qui défendaient le portefeuille de leurs clients mis en examen dans des affaires de corruption. La Compagnie générale des eaux, la Lyonnaise des eaux, la Cogédim ou Alcatel faisaient les gros titres des journaux. Ces sociétés utilisaient des intermédiaires comme Michel Reyt, Gérard Monate, René Trager, Jean-Claude Méry, Michel et Chantal Pacary. Tous aidaient à financer les partis *via* d'obscurs réseaux internationaux. Ces hommes et cette femme, à l'exception de l'un d'entre eux *, ont disparu. Lampistes parmi les lampistes. Je les ai rencontrés, interrogés. Ils m'ont appris les coulisses de notre vie publique, les mensonges à tenir et les acrobaties à entreprendre pour obtenir des marchés. Les sociétés mises en cause dans ces financements douteux n'ont pourtant pas disparu. Elles ont changé de maquillage. Elles ont muté, fait évoluer leur actionnariat, ont fusionné, sont allées chercher

* René Trager.

l'argent et le profit là où ils allaient ressurgir. Dans la téléphonie, l'industrie, les nouvelles énergies, l'Internet, l'armement, la prestation de services. La Lyonnaise, vieille société créée en 1880, est devenue Suez Environnement, Noos ou Vigeo. La Générale des eaux est devenue Vivendi et Veolia. Alcatel s'est mariée avec Lucent et Thales reste une lointaine émanation de Thomson. La Cogedim a épousé Altarea et vient de racheter sa Rue du commerce...

Comme dans la *novlangue* de George Orwell, les sigles et les personnages rappelant cette sale époque sont en phase d'effacement. Le RPR, le PR, le CDS *, tous ces partis impliqués dans les scandales d'alors, ont modifié leur paravent. Leurs leaders, Jacques Chirac, Nicolas Sarkozy, Pierre Méhaignerie, Gérard Longuet ou François Bayrou ont pris ou tentent de prendre le pouvoir sous de nouvelles bannières. Le Parti socialiste n'était pas non plus un modèle de vertu et de compréhension des phénomènes de financiarisation de l'économie et d'émancipation judiciaire. Jean-Pierre Destrade, Gérard Peybernes, Henri Emmanuelli, Pierre Moscovici... Autant d'intermédiaires ou de trésoriers de partis empêtrés dans ce qui faisait le quotidien des journaux. Ce passé-là a été gommé. *Le RPR c'était quoi ? Un groupe de rap ?*

L'Appel de Genève vient de cette époque troublée. Il était le signe d'une insupportable dérive gagnant toutes les démocraties occidentales. Des médias européens mais aussi

* Jusqu'en 1994, le Rassemblement pour la République a été l'instrument de Jacques Chirac. Alain Juppé, Philippe Seguin puis Nicolas Sarkozy lui ont succédé. Il sera dissous en 2002 pour devenir l'UMP. Créé en 1977, disparu en 1997, le Parti républicain a été présidé par François Léotard et Gérard Longuet. Créé en 1978, dissous en 1998, le Centre des démocrates sociaux est l'ancêtre du Modem de François Bayrou et de l'UDI de Jean-Louis Borloo.

américains et japonais s'en sont fait l'écho, l'ont repris, relayé. Quinze versions ont été écrites avant d'arriver à la bonne. Au début, l'idée était de rédiger une charte. Sa première version faisait cinq pages. Au final, le texte signé des sept magistrats sera plus court et efficace. Trois feuillets pour dire l'essentiel. *À l'heure du modem et du fax, l'argent d'origine criminelle peut circuler à grande vitesse d'un compte à l'autre, d'un paradis fiscal à l'autre, sous couvert de sociétés offshore, anonymes, contrôlées par de respectables fiduciaires généreusement appointées. Des années seront nécessaires aux justices pour en retrouver la trace. Pour avoir quelque chance de lutter contre une criminalité qui profite largement des frontières nationales, il est urgent de faire taire les protectionnismes dépassés, de bâtir un véritable espace judiciaire européen, au sein duquel les magistrats pourront, sans entrave, rechercher et échanger les informations nécessaires.*

Les juges de Genève et les milliers de signataires de l'Appel avaient le tort de vouloir comprendre qui achetait les décisions politiques, qui donnait les autorisations dans les partis, qui se cachait derrière les fiduciaires suisses ou les offshore panaméennes ? On les en empêchait. L'appareil judiciaire les muselait. Les commissions rogatoires internationales, quand elles étaient lancées, mettaient un temps fou à revenir. Parfois trois années avec la Suisse, beaucoup plus avec d'autres pays comme l'Angleterre ou le Luxembourg. Et souvent jamais. Les recours incessants tuaient les demandes d'information. Les corrupteurs habiles, utilisant les bons réseaux, ne pouvaient pas être inquiétés. Partout en Europe, les mêmes blocages sabordaient les efforts des rares magistrats qui croyaient encore à une égalité de traitement face à la justice. Dès qu'un circuit financier passait une frontière, l'affaire était plombée. Quand il empruntait un paradis fiscal, c'était plié.

Le problème était déjà crucial en 1996. La politique était discréditée, la justice gadgétisée, les démocraties montraient d'inquiétants signes de porosité et de dérives. Rien n'avançait, sauf l'extrême droite. L'Appel de Genève allait lancer les grands débuts de la citoyenneté. Grâce à cette action collective très médiatisée, un mandat d'arrêt européen et une structure imaginée par les politiques, *Eurojust*, embryon de justice européenne, ont été créés. Le Groupe d'action financière (Gafi) * a été relancé et nous délivre à intervalle régulier le hit-parade, pas très utile au fond, des pays les plus pourris de la planète. Des associations comme Attac, fondée dans la foulée, ou Transparency International ont repris l'Appel. Paradoxalement, les trillions d'euros n'ont jamais cessé d'affluer vers les paradis fiscaux. Grâce aux outils informatiques, les sommes transférées ont grimpé de manière exponentielle. En toute sécurité. Le nombre des paradis fiscaux a enflé. Leur qualité d'accueil s'est sophistiquée. Rien n'a changé concernant les commissions rogatoires internationales. En 2013, la Suisse était toujours aussi lente à réagir. Et le Luxembourg ou les îles anglo-normandes toujours aussi efficaces pour ne pas répondre. Toutes ces entraves se sont opérées avec la bénédiction des banquiers centraux et du plus central d'entre eux : le Français Jean-Claude Trichet, ancien gouverneur de la Banque de France et président de la Banque centrale européenne de 2003 à 2011.

* Le Groupe d'action financière est une structure hybride de trente-quatre pays, mêlant principalement les membres du G20 et de la Commission européenne, chargée de lutter contre le blanchiment d'argent sale et le financement du terrorisme.

L'argent ainsi volé, défiscalisé, placé dans ces pays si accueillants, est rarement réinvesti dans l'outil économique. Ou alors dans le seul souci d'être blanchi ou rapidement rentable. Quand il revient, *via* les outils de transfert de plus en plus performants et indétectables, il se transforme en obligations ou en actions anonymes. Tout cela a joué sur nos vies quotidiennes. Nous nous sommes appauvris.

Nous nageons en pleine hypocrisie. Le système bancaire a généré sa logique. L'arrêter ou le repenser est devenu de plus en plus compliqué. Pendant dix-sept longues années, un véritable braquage de nos économies s'est opéré sous nos yeux. Des ingénieurs financiers ont préparé les armes, les véhicules, creusé des tunnels informatiques. Une fois à destination, les lois des paradis fiscaux protègent les braqueurs. Aidés par des banquiers complices, entraînés à se déplacer rapidement dans le désert judiciaire international, ils font entrer leurs gains dans les circuits puis les font sortir sans être inquiétés. Il existe des autoroutes de la finance et des itinéraires bis. Ils sont connus des initiés. L'Appel de Genève dénonçait ce danger et mettait en garde contre l'aveuglement des politiques : *L'argent des paradis fiscaux est placé hors de tout contrôle. L'impunité est aujourd'hui quasi assurée aux fraudeurs.* Le crime financier ne s'est jamais aussi bien porté. Les multinationales n'ont jamais engrangé autant de bénéfices, les États ne se sont jamais autant endettés. Les juges n'ont jamais été aussi démunis que pendant ces années.

Dix-sept ans déjà. Autant dire, une petite éternité. Internet n'existait pas. On se servait encore de fax à l'époque, mais nous avions tapé dans le mille. Pourquoi est-ce que personne n'a suivi chez les politiques ? Pourquoi ont-ils assisté sans broncher au pillage de nos économies ? Pourquoi ont-ils mis si longtemps pour se réveiller ?

Les mêmes idées que les nôtres, les mêmes mots nourrissent aujourd'hui les propositions des parlementaires anglais, français ou allemands à Bruxelles : *Échange automatique des informations bancaires entre les États membres,* indique le projet de loi en cours d'élaboration en ce printemps 2013 à la Commission européenne. L'Autriche et le Luxembourg renâclent. Tout n'est pas gagné. Mais bon...

À la fin de l'année 2011, il était prévu qu'une mission d'enquête du Parlement européen m'entende sur le contrôle des chambres de compensation et les turpitudes révélées par mon enquête sur Clearstream *. Mais la mission a *in extremis* changé d'objectif. Plutôt que de réfléchir aux circuits bancaires de l'argent sale, elle a préféré s'intéresser aux nouvelles figures des mafias. L'invitation a été annulée. Ce *changement d'objectifs* n'était pas lié à mon hypothétique intervention, mais à la composition de la mission chargée de cette enquête qui a été modifiée **. À Bruxelles, le lobby le plus puissant reste le lobby bancaire. À l'époque de l'Appel, ma parole, plus libre que celle des magistrats, incommodait. Je m'exprimais dans un français correct mais on me reprochait d'y aller trop fort dans les accusations. On expliquait que des types comme moi, trop pressés à mettre en cause les institutions et leurs garants, faisaient grimper le Front national. Je ne jouais pas le jeu. On craignait que j'aille trop

* *Cf. Tout Clearstream*, les Arènes, 2011.

** La commission spéciale sur la criminalité organisée, la corruption et le blanchiment d'argent a été créée en 2012. Elle est composée de treize eurodéputés, dont onze sont issus des partis de droite (principalement le PPE, Parti populaire européen et l'ADLE, Alliance des démocrates et libéraux pour l'Europe).

loin dans l'interprétation politique et économique du phénomène dénoncé par l'Appel de Genève. Globalement, la France était un pays corrompu, mais il ne fallait pas l'exprimer ainsi. L'histoire et les annales judiciaires m'ont donné raison. Je n'ai aucune amertume, aucun regret. Je suis sans doute plus lucide que je ne l'étais. Je n'ai jamais cessé de chercher des solutions aux problèmes posés par les juges de Genève. J'aurais pu m'engager en politique, on m'y a invité. J'aurais pu me policer pour entrer dans le moule médiatique. J'aurais pu laisser tomber. J'ai choisi une autre voie.

3.

Jeannot, l'homme des bois

Le vent est soudain plus froid. Woody et Paulo me demandent s'ils peuvent rentrer pour jouer à *Transformer* sur la console vidéo. Encore une production Hasbro. Je leur dis de profiter du soleil. Ils soupirent, insistent. Je finis par céder. Je suis trop cool avec Woody. On n'arrête pas de me le reprocher. Je travaille trop. Je devrais être plus présent, plus autoritaire. C'est ce qu'on me dit. Pas forcément sa mère. Les voisins, les amis, mes parents, les instituteurs. Leurs regards. Je laisse parler, penser. Au fond de moi, même si je culpabilise parfois, je sens que j'ai raison.

L'apocalypse est un genre cinématographique. Une manne toxique faite de complot, de désintégration, d'asservissement. *Transformer 1, Transformer 2, 3*. Bientôt *4, 5*. Les dérivés, les jeux vidéo, les panoplies, les armes, les dessins animés diffusés et rediffusés par Canal J, Gulli, RTL9, France 4, France 3, NRJ12, M6, W9, TF1. Une invasion d'images dans les têtes des enfants. Woody et ses copains connaissent les répliques des *decepticons*, les méchants robots du film, par cœur. Hollywood n'est jamais allé aussi loin dans sa quête d'un néant absolu. Avec cette guerre débile et incompréhensible entre voitures qui se transforment en androïdes surarmés, on se rive à un écran pour se vider la tête. On oublie qu'on se la remplit en même temps de préceptes aussi puissants et creux que ceux qu'on a mis à West Point dans la tête de Douglas MacArthur. Un ennemi est toujours tapi dans l'ombre à vouloir te prendre ce qui t'appartient. Avec *Transformer*, on en prend plein les yeux. On sauve l'Amérique du marasme. On est dans l'effusion numérique, le fracas haute définition, le bruit de la mort en 3D. On sort du film les oreilles lourdes, le cerveau fatigué, la conscience pas vraiment tranquille. On n'est pas si loin du pressentiment de Cormac McCarthy. Une sorte de bande-annonce avant l'écrasement final.

Le sourire angélique de Woody. Le sourire angélique de Paulo. *Ta gueule ou je te les fais bouffer, man.* Les gens se demandent souvent comment démarre un livre. Celui-là est né dans ce tumulte, ces murmures de télévision, ces fracas de guerre, l'écho de cet Appel de Genève, cette impuissance politique manifeste, le souvenir épuisant de ma lecture de *La Route*, les chaussettes tombantes de Jeannot, la voix d'outre-tombe du général MacArthur et ses regrets tardifs. Les enfants qui se massacrent le lobe frontal à coups de *Transformers*.

Je manque de résistance. Je dois surveiller ce qu'on leur met dans le crâne, faire en sorte qu'ils prennent leurs distances avec cette merde ambiante. Mon cerveau fonctionne en mode turbine. Je sens qu'il faut revenir en arrière pour trouver l'origine de ce qui est en train d'arriver. Je ne m'accommode pas du flottement.

Je reviens sans cesse à une photo récente où Woody et moi fixons l'objectif. Nos regards inquiets saisis par le photographe passé à la maison pour me tirer un ultime portrait illustrant un papier sur les affaires. Toujours les affaires. Encore les affaires. L'intuition que nous marchons, nous aussi, vers la fin d'un monde sans trop savoir ce que l'autre nous réserve. Nous avons une petite marge de manœuvre. Je ne lâche pas prise. Je cherche une issue, en même temps qu'une explication. Je laisse en plan mes boîtes à archives de l'année 96.

– Papa dépêche-toi. Jeannot va repartir. Il dit qu'il a du bois pour la cheminée.

Jeannot a quatre-vingts ans et les jambes arquées comme un joueur de foot fatigué. Il ressemble à Raymond Goethals, l'entraîneur belge d'Anderlecht et de l'Olympique de Marseille. Jeannot roule en Nike et en tracteur rouge Massey Ferguson des années 60, auquel est accrochée une remorque bricolée par lui. On appuie sur une manette et les rondins de bois tombent. Je n'ai plus qu'à les ranger. Il va couper son bois en forêt. La municipalité lui laisse une trentaine de stères, mais il en récupère en douce chaque année un peu plus. Depuis que j'habite à la périphérie de Metz, il m'apporte en début d'été six stères que je lui règle en liquide. La première année, je lui ai lâché deux cent vingt euros. Cinq ans plus tard, c'est trois cents. Je ne trouve rien à redire. Le bois est de bonne qualité. Chaque année je discute avec lui en buvant un verre d'eau. Jamais de bière, ni d'alcool avec Jeannot.

– Ça va msieu, toujours sur les routes.

– Fait chaud.

– Ils vont nous faire crever avec leur pollution.

Jeannot râle tout le temps. Il m'appelle *Msieu*, ne dit jamais mon nom, me regarde rarement dans les yeux. Râler le maintient en vie. Il râle contre tous les pouvoirs. Le gouvernement, la municipalité, la télé, les policiers, la justice, le vendeur de pièces détachées de chez Massey Ferguson, le patron de chez Météo France. Je râle avec lui. Je l'invite à râler contre le système bancaire. Cette idée lui plaît terriblement. Je lui fais plaisir en râlant à ses côtés et en lui ouvrant les yeux sur de nouveaux ennemis. Depuis cinq ans que je connais Jeannot, je ne sais toujours pas pour qui il vote. Jeannot a été ouvrier dans le bâtiment dans une autre vie. Il touche une petite retraite. C'est la dernière année qu'il m'apporte du bois. Il dit qu'il est fatigué et qu'il va finir par être contrôlé. Je demande par qui ? Il hoche la tête et fait celui qui n'a pas compris la question. Il confie qu'il a des ennemis. Des ennemis invisibles. Je crois comprendre que c'est pour cette histoire de bois qu'on lui vole ou qu'il vole. Je ne comprends pas très bien. Quand il se lève le matin, il promet qu'il a hâte de se coucher. Il assure que de toute manière, il n'y a plus rien d'intéressant à voir à la télévision. *Que des conneries qu'on nous met dans le crâne... Je le dis souvent à ma femme, arrête de perdre ton temps avec ces bêtises. Ça va te tuer...* Jeannot est un être entièrement tourné vers le passé. Je lui demande s'il râlait autant avant. Il ne voit pas l'intérêt de cette question. Jeannot vit avec sa femme, son chien, ses lapins. Jeannot va râler jusqu'à son dernier souffle. Elle et lui sont en bonne santé et espèrent *pousser* jusque cent ans. Pousser quoi Jeannot ? Pousser quoi ?

Ma vie est réglée surtout quand Géraldine et les filles sont absentes. Je marche, je mange, je lis, je regarde la télé, je cours, je travaille à mes films, je griffonne, je vais au cinéma, j'emmène Woody à l'école. Je l'aide à faire ses devoirs. Je fais de grandes toiles avec de la peinture généralement noire et des craies grasses, généralement blanches. Je prends l'autoroute pour Paris et je les livre en échange d'un chèque. Je vais voir des amis. Bien qu'habitant à côté d'une église, je ne vais jamais à la messe, contrairement à avant quand j'étais petit et que j'avais peur la nuit. Et quand ça me reprend, je note des phrases sur des bouts de papier ou des cartons de bière. Des pensées qui me traversent et que j'essaie d'attraper comme tout à l'heure quand après avoir quitté Jeannot et avant d'aller rejoindre Woody et son copain devant la télévision, j'ai noté : *Habiter loin pour un écrivain perdu*. Sans trop savoir ce que j'en ferai.

4.
Batman et Robin

Géraldine m'a laissé seul avec Woody. Elle est partie rejoindre Scarlett aux États-Unis. Le temps de l'aider à s'installer.

– *Je fais au plus vite*, a dit sa mère.

– *Ne t'inquiète pas, on s'arrangera.*

La maison est sens dessus dessous. On ne fait pas notre lit, on laisse traîner les fringues et la vaisselle. L'été approche. Malgré le boulot, ça nous fera du bien de nous retrouver tous les deux. Entre hommes. Woody n'est pas vraiment tranquille de voir sa sœur partir en Amérique. Là où les voitures se transforment en robots destructeurs et où tout ne serait que bitume et gaz toxiques :

– *Mais il n'y a pas d'herbes, ni d'arbres là-bas. Il n'y a que des buildings*, réfléchit Woody.

– *N'importe quoi. Il y a de grands parcs avec des écureuils. Et le gazon est vachement mieux taillé qu'ici.*

– *Tu crois qu'elle se fera des amis là-bas ?*

– *Oui bien sûr*

– *Elle va habiter où ?*

– Dans une chambre à New York. Elle ira à l'école et au travail tous les jours. Comme ici.

– On ira la voir ?

– Promis.

Je me suis levé tôt le matin et on a déjà usé pas mal de gomme et de benzine. Je roule tranquillement. Ma voiture, une Jaguar, un vieux modèle, avale une douzaine de litres chaque centaine de kilomètres. Ce voyage nous donne l'occasion de relancer la mécanique. Je suis un peu rouillé. J'y vais doucement. J'ai quitté l'autoroute à Nancy pour suivre les petites départementales. Le coin est truffé de radars et il me reste un point sur mon permis de conduire. Même si je vais bientôt en récupérer quatre grâce à un stage de la prévention routière, j'essaie de lever le pied. J'ai promis à mon fils qu'on passerait quelques jours à se balader et à rendre visite à des amis. Ni lui ni moi ne sommes pressés. On discute de football, des animaux de la savane qui seraient bien plus féroces que ceux de la forêt (sauf les ours). On compare les super-héros Marvel : qui est le plus fort : Hulk ? Spiderman ? Ironman ? Captain America ? En période de crise, les super-héros ont la cote. Dans *The Dark Knight Rises* (*L'Ascension du chevalier noir*), Bane, le méchant, se sert des empreintes de Bruce Wayne (alias Batman) pour le ruiner en Bourse. Son discours quand il réunit la population de Gotham dans un stade est très altermondialiste. Il veut venger les laissés-pour-compte du capitalisme mais il finira par perdre. Car le capitalisme, version Batman, est inoxydable.

Dans *The Avengers*, un général américain vient glisser à Captain America : *Les gens vous aiment car ils ont besoin de nostalgie avec ce qui arrive en ce moment.* Tout est dit. En période de vaches maigres et de crise, le public, en particulier américain, aime que des héros se sacrifient pour que le monde soit meilleur. Et réalisent ce qu'ils ne sont plus capables de faire. Se révolter, renverser l'ordre établi. Lâcher la télécommande pour remettre un peu de justice entre les hommes. Disney a racheté Marvel en 2009 pour quatre milliards et a fait une très bonne affaire. Jamais depuis cinq ans, les salles de cinéma n'ont été aussi bondées que quand apparaît un super-héros. La manne est planétaire.

– *Celui que je préfère c'est Batman,* je fais. *Elle va vachement vite sa Batmobil.*

– *Tu crois qu'on peut en fabriquer une ?*

– *Peut-être. Jim aurait pu. Mais elle est un peu trop voyante. Et la police nous arrêterait à tous les coins de rue. Pour se garer, tu imagines...*

– *Ouais t'as raison. En tout cas, Batman, lui, il roule pas comme une tortue. Et Jim non plus.*

– *Je sais Woody, mais il faut que je fasse attention à la police.*

– *Il y a un truc que je ne comprends pas... À quoi ça sert de rouler dans des voitures qui vont à 300 à l'heure quand tu dépasses pas le 60 ?*

– *Tu exagères Woody. Regarde là je roule à 80...*

Je me suis remis à écrire. Ma période de blanc a duré un peu plus de deux ans. Je ne parvenais pas à faire tenir quatre ou cinq phrases ensemble. J'essayais chaque matin et chaque soir je devais me rendre à cette évidence : rien de bon n'était sorti de ma boîte crânienne. Comme écrivain, j'étais devenu mon pire ennemi. Étais-je malheureux de cet état ? Oui, sans doute. On est dans un livre comme dans une maison, surtout quand on vient d'y passer une année. J'avais choisi le meilleur emplacement possible. Je travaillais sans plan, rien qu'à l'intuition. Je connaissais chaque pièce, chaque recoin. Je m'y sentais bien. Et puis, patatras, tout dégringole. Je me souviens précisément du moment où j'ai perdu le fil. Je ne pensais pas que le coup de téléphone de Bénédicte aurait eu cet effet assommant. Bénédicte, c'est mon avocate et mon amie aussi.

– *J'ai une excellente nouvelle,* a-t-elle démarré ce jour-là.

– *Vas-y j'écoute...*

– *Tu es assis?*

– *Non je suis en ville, je marche...*

– *Tu as gagné tes procès.*

– *Tous?*

– *Oui tous. La Cour de cassation a estimé que ton travail était sérieux et servait l'intérêt général. Ils ont été déboutés de toutes leurs demandes.*

– *Ça veut dire quoi?*

– *Ça veut dire que c'est fini. Il faut maintenant qu'un tribunal estime le montant de ton préjudice. Tu as gagné. Définitivement. Tu réalises?*

C'était une journée humide du début du mois de février. J'étais devant le magasin *Virgin* de Metz (c'était un an avant sa fermeture), à l'entrée de la rue Serpenoise. Je voulais acheter un livre dont un copain m'avait parlé. *Le Dernier Stade de la soif* de Frederick Exley. C'est l'histoire d'un écrivain qui n'arrive pas écrire et que la littérature sauve de la mort, mais pas de la folie. Une dépêche était tombée dans laquelle mes adversaires admettaient leur défaite. La nouvelle s'est propagée. Mon portable a commencé à sonner, les appels venaient d'un peu partout. J'ai dû changer de rythme et me remettre à parler de tout ce qui m'était arrivé. Dix ans s'étaient écoulés depuis mon premier livre sur ces affaires d'argent volé et d'évasion de capitaux. Je pensais, tout ce temps perdu pour arriver à ce coup de fil.

Je pensais, finalement je gagne mais rien n'a bougé et rien ne bougera car ils sont les plus forts. J'avais envie de changer de peau. Les autres étaient contents pour moi. Et j'étais content pour eux, surtout ceux qui m'avaient soutenu. On m'a invité à quelques émissions. J'ai répondu à des interviews. C'était comme si ces dix années n'avaient pas vraiment existé. Tu ne vas pas découvrir l'absurdité du monde. Tu ne vas pas continuer à perdre ton temps. Tu vas maintenant passer à autre chose. J'ai coupé mon portable et me suis mis à marcher sans but véritable. Je me sentais plus léger mais un peu perdu.

Pendant ma période de blocage, je lisais peu de romans et encore moins d'essais, participant ainsi à ce mouvement rétrograde et dépressif lancé par Milan Kundera prophétisant la fin du livre et l'avènement de la gabegie numérique. Tout le monde, à la maison, aurait préféré que je me remette à gratter comme avant. Il paraît que j'étais plus joyeux. J'ai toujours eu ce troisième œil qui fait que, même quand la situation est critique, vous vous dites que ce sera de la matière pour écrire plus tard et ça vous sauve. Après le coup de téléphone de Bénédicte, j'ai souvent eu le sentiment que le troisième œil m'avait quitté, qu'il était parti ailleurs et qu'il m'observait dépérir. Pourquoi c'est parti ? Comment c'est revenu ? Je n'ai pas d'explication rationnelle. C'est un peu comme si, après avoir été longtemps éteinte, après que vous avez essayé cent fois de la rallumer en vous énervant sur le bouton-poussoir, une caméra se remettait à fonctionner. En silence. Sans autre intervention que celle du Saint-Esprit. La paupière s'ouvre à nouveau sur le monde qui vous entoure et le disque dur engrange.

Je me suis rendu compte que la mécanique était repartie la semaine dernière lors du stage de la sécurité routière où je devais récupérer des points pour mon permis. Sur vingt participants, la majorité avait moins de 25 ans et s'était fait prendre avec plus de deux grammes d'alcool dans le sang. Toujours la même histoire de sortie de boîte les samedis soir. Le préfet met beaucoup de zèle ici à obéir aux directives du ministère de l'Intérieur. Le nombre de P.-V. pour délit alcoolique ne cesse de grimper. Le jeu fatigue même les flics. *Lors d'une opération banale à la sortie d'une boîte un samedi, on en tape une trentaine. Et encore, les gars fatiguent et partent quand ils ont le nombre. Ils pourraient taper le double sans problème* : paroles d'un inspecteur des Renseignements généraux. Les policiers repèrent une boîte, se garent un peu plus bas et attendent la fermeture. Ils vont à la pêche aux jeunes conducteurs, armés de leur éthylotest. Après le paiement de l'amende, les sociétés privées, qui organisent les stages de sécurité routière, encaissent l'argent des familles ou du jeune conducteur fauché. Car le jeune conducteur alcoolisé du vendredi ou du samedi soir est souvent apprenti mécanicien, cariste ou élève ajusteur. Il touche au mieux le Smic et vit chez ses parents. Avec sa troisième paie, il s'est offert une Peugeot 206, a ajouté des ailerons et mis une bonne sono. Avec sa quatrième, il commence à rembourser le whisky bu sur le parking de la boîte. Dans le stage auquel j'ai participé, huit jeunes conducteurs sur dix avaient dû emprunter à leur banque de quoi payer le stage et les amendes.

Le bien, le mal, l'alcool, l'argent, l'État, les banques, les emprunts, l'avenir, vivre l'instant, se poser des questions plus tard. Le système met en place des tournantes où l'argent du jeune prolo finit toujours par revenir à son point de départ. Se venger. Le *Républicain lorrain* compte les points dans le journal du lundi. Nous sommes des dizaines de milliers à accepter le marché. Un stage payant contre des points. Deux jours à mater des diapos d'accidents et à écouter les informations répétées en boucle par un psychologue cherchant à culpabiliser son auditoire. On forme une petite famille où ceux qui ont réussi le même score aux alcootests se sentent solidaires. Nico, 22 ans, musicien le week-end, jardinier la semaine, s'est fait serrer à la sortie du *Night*, à Augny, sur la zone industrielle au sud de Metz. Entre Casto et Darty. *Bêtement*, dit-il. Il était le conducteur. Ils étaient cinq dans la Laguna de son père. Il était celui qui avait le moins bu. *0,53*. Comme moi et comme Étienne, le gros magasinier d'une usine du bassin houiller. Lui s'est fait arrêter un dimanche en allant acheter des cannettes à la station-service. *Je n'étais même pas saoul, je venais juste de commencer et j'étais à court de carburant. Il n'y a que chez Total qu'on peut acheter des cannettes le dimanche. Je n'allais quand même pas y aller à pied, c'est à cinq bornes de chez moi. Le dimanche, j'aime bien me foutre dans le canapé et boire des cannettes. Je me bourre la gueule sans faire de tort à personne, j'ai encore le droit avec tout ce qu'ils me font chier la semaine,* avait expliqué Étienne. C'est en l'écoutant que ma caméra s'est rallumée. J'ai pris deux ou trois notes. Et c'est reparti.

La fin du stage était consacrée à la définition de l'alcoolisme. *Est considéré comme alcoolique*, aux yeux de la Sécurité routière, *celui qui consomme plus de vingt et une unités d'alcool par semaine*. Un verre de vin de huit centilitres ou une bière de trente-trois centilitres représentent une unité. Deux centilitres de pastis représentent 0,7 unité. Étienne en a conclu qu'il valait mieux boire des pastis avant de prendre le volant. La plupart des stagiaires ont acquiescé en ricanant. Le psychologue était emmerdé. Étienne fichait en l'air son programme. Avec le moniteur d'auto-école chargé du stage, ils se sont emportés et ont menacé de ne pas remettre son attestation de stage au magasinier. J'ai pris sa défense :

– *Il a raison. Vous lui tendez une perche. Si vous ne lui donnez pas son attestation, je ne la veux pas non plus.*

À la fin du stage, le psychologue m'a proposé un café.

– *Pourquoi vous avez fait ça ?* a demandé le psy.

– *Je trouvais injuste de reprendre ce gars qui avait été sincère.*

– *On est en stage de Sécurité routière. Qu'est-ce que vous voulez que je vous dise ? Il faut jouer le jeu.*

– *Je l'ai joué, j'ai participé. Étienne aussi.*

– *Vous donniez l'impression de vous emmerder.*

– *On s'emmerdait tous.*

Il a invoqué le fait qu'il y avait moins de morts sur les routes grâce à cette politique. Il sortait à peine de la fac de psycho. Il avait 27 ans. J'avais fait les mêmes études que lui dans la même fac trente ans plus tôt. Il touchait deux cents euros par jour pour ce job. Le directeur d'auto-école qui encadrait le stage avec lui touchait à peu près autant. Le reste, c'était tout bénéfice pour la société privée et assermentée qui organisait le stage. Une vingtaine de stages sont organisés tous les mois à Metz et dans ses environs. Le même système se reproduit dans des centaines de villes en France. J'ai essayé d'en parler à mon interlocuteur :

– *C'est la loi. On n'est pas là pour la remettre en cause.*

– *On n'est pas non plus obligé d'être complice. Tout ce circuit repose sur une formidable hypocrisie.*

– *Laquelle ?*

– *Des patrons de boîte de nuit à l'État en passant par la société qui vous paie, tout le monde se rince sur le dos des pauvres types qui claquent un quart de leur paie à régler la facture de vos stages,* me suis-je emporté.

– *Ils réfléchiront mieux la prochaine fois avant de prendre le volant,* a répondu le psychologue très investi dans sa mission.

– *Vous en êtes sûr ?*

– *Oui…*

– *Moi pas…*

J'ai proposé au psy de dédramatiser notre désaccord en lui offrant un coup à boire.

– *Je ne bois pas. Jamais,* a fait le psy.

J'ai commandé deux Coca light.

On faisait bouger les glaçons au fond de nos verres. Je cherchais une parade. Il était trop fier et trop sûr de lui. J'aurais voulu lui expliquer que la vie était plus nuancée, que les études de psychologie ne dispensaient pas le psychologue de faire preuve de finesse, que des types comme Étienne méritaient un peu de compassion et d'écoute. Que boire c'était d'abord compenser les déboires d'une vie de merde.

– *Vous savez que vous faites avancer l'idée de la révolution,* ai-je lâché, en tirant sur ma paille.

Le psy ne comprenait pas où je voulais en venir.

– *Ces stages entretiennent la colère montante des masses laborieuses qui finiront par se venger. Continuez. Vous êtes sur la bonne voie…*

C'était moyen, j'en conviens. Il a dû penser que les affaires m'avaient rendu fou. En même temps, si on y réfléchit, mon raisonnement se tient.

– *Alors Batman sans Robin, tu crois qu'il s'en sort face au Joker ?*

– *C'est une bonne question Woody. Laisse-moi réfléchir.*

– *Tu réfléchis tout le temps papa…*

5.
Les Vosges

Je prends la direction d'Épinal puis je bifurque vers Saint-Dié. Chaque fois que je passe par les Vosges, j'ai un pincement et des images en rafale. Les Vosges, c'est notre eldorado neigeux à nous les Mosellans. Les Alpes du pauvre. C'est Aspen, Davos et Chamonix pour les prolos du ski de fond. C'est bossu, pelé en plaine et résineux en crête, mais c'est aussi beau que les forêts de *Twin Peaks*. Les Vosges, ça sent la myrtille, la gnôle et la tête de mule. C'est mes week-ends d'ado et de postado avec mes potes dans les gîtes de La Bresse ou du Val d'Ajol, la fondue vomie dans la neige, les feux de cheminée et les lits à baldaquin dans les fermes abandonnées de Bussang. C'est le lac de Gérardmer avec une eau qui, par grande canicule, flirte avec les 18 degrés. C'est la mort tellement douce et silencieuse de l'industrie textile qu'elle en devient mystérieuse.

C'était avant la mondialisation ou plus exactement c'en était les prémisses. Boussac était le patron avec, dans les années 60, plus de deux cents usines dans le coin. La courbe a tenu jusqu'à la fin des années 70 où l'industrie textile et l'habillement représentaient environ trente mille emplois. Et puis tout s'est arrêté, sans heurts. Les Vosgiens sont fatalistes. Christian Poncelet était déjà le président du conseil général. Cela fait trente-sept ans que le vieux gaulliste, viré giscardien puis sarkozyste, puis fillioniste dirige le département. Onze mandats, six secrétariats d'État et une présidence du Sénat plus tard, Poncelet est encore en place. Statue du Commandeur, monument de stagnation, archétype du politique s'accrochant au pouvoir jusqu'à son dernier souffle. C'est notre Giulio Andreotti à nous. En Lorraine, à droite, les vieux barons sont comme du vieux lierre. Ils vous entourent, vous enserrent, vous étouffent et reverdissent chaque année. Jusqu'à ce qu'on les taille à la base. Là, ils s'effondrent.

André Rossinot, maire de Nancy depuis trente ans, conseiller municipal depuis quarante-cinq, deux fois ministre, trois fois député, président du Parti radical, a promis qu'il lâcherait l'affaire en 2014. À 75 ans. Mais rien n'est moins sûr. Jean-Marie Rausch, l'ancien maire de Metz, a été débarqué en 2008 en raison d'une triangulaire. Il a 86 ans, a été pendant vingt-cinq ans sénateur, dix ans président de Région, trois fois ministre. Il a perdu les dernières élections municipales en raison de divisions dans son camp. Metz reste, par son histoire, une ville qui aime l'ordre, sa cathédrale et son évêque, le commerce florissant au centre-ville, la philharmonie, les dimanches au calme à manger des jambons braisés chez Flo et des gâteaux à la crème chez Bourguignon. Une ville de droite. Je croise Jean Marie Rausch de temps en temps en ville. Il marche d'un pas lent, souvent courbé. On a l'impression qu'il ne sait plus très bien où aller. Il continue à suivre l'actualité de la municipalité, réunit chaque semaine autour de lui quelques conseillers. Il était très présent au moment de l'inauguration du nouveau musée, première filiale estampillée du Centre

Pompidou. L'opération *musée* a été montée avec Jean-Jacques Aillagon, alors ministre de la Culture de Jacques Chirac. Aillagon se serait bien vu maire de Metz. La transmission n'a pas fonctionné. Il ne voulait sans doute pas assez le poste et Rausch s'est accroché en espérant que les Messins lui feraient confiance pour un nouveau tour de piste. Il a perdu. Il marche en ville, traverse la place d'Armes, sans un regard vers la mairie. Je me demande s'il se sent un peu responsable de la situation. De ce présent dans lequel nous vivons et qu'il a en partie généré. Sénateur, président de Région, maire, ministre du Commerce, décideur, homme de pouvoir. Décideur de quoi ? Quel pouvoir sur l'avenir ? Jean-Marie renoue son écharpe. Un léger vent remonte de la rue des Clercs. Un policier en uniforme le salue. Il répond d'un petit signe de la main. Je me demande ce qui le fait avancer, si sa tête est vide, s'il est apaisé, s'il a des regrets, s'il avait intégré cette perspective avant de perdre sa dernière élection. Traverser un jour la place devant son hôtel de ville en piéton, en vieux monsieur qu'on salue poliment.

Christian Poncelet, le vieil édile vosgien de 85 ans, est loin de penser à sa retraite. Il est toujours en place, souriant, impassible et inutile. Son département a vu le nombre de ses chômeurs augmenter brutalement entre 2011 et 2012 passant de 10,2 % à 12,2 % de la population active*. Les Vosges subissent la plus forte augmentation de perte d'emplois en Lorraine qui, elle-même, connaît l'un des plus forts taux de chômage du pays. *Le contexte socio-économique dont souffre notre territoire, notamment avec les fermetures*

* Chiffres Insee, soit 2 000 chômeurs de plus, principalement des jeunes gens sans qualification de moins de 26 ans dans un département comptant un peu plus de 21 000 chômeurs.

brutales d'entreprises, liées à la désindustrialisation, interpelle gravement, s'est contenté de déclarer Poncelet en clôture des travaux de son conseil général, à la fin du mois de décembre 2012. On est loin des chiffres de la Grèce ou de l'Espagne qui plafonnent autour de 27 %. Mais la courbe ne montre aucun signe de tassement. Et Poncelet semble tellement impuissant. Je roule. Son visage sur le panneau électoral défoncé s'efface de mon rétroviseur. Les usines textiles ont disparu du paysage vosgien, remplacées par rien.

En 1981, juste avant l'arrivée de la gauche au pouvoir, Christian Poncelet avait donc 53 ans. Il était bien installé dans son canton de Remiremont et au Sénat où il était rapporteur de la *Commission sénatoriale d'enquête sur les difficultés de l'industrie textile*. Le rapport est très épais : 396 pages serrées avec en annexe le schéma détaillé d'une machine à tisser. On peut facilement le télécharger sur le site du Sénat, parmi des centaines de rapports tous plus volumineux les uns que les autres. Une année de travail, des dizaines d'experts, des voyages d'études, des centaines d'heures de débats pour tenter de sauver l'industrie textile. Comme un avant-goût de ce qui allait nous tomber dessus.

Il y avait en 1980, en France, encore 6000 entreprises textiles employant 600 000 personnes, réalisant 15 milliards d'euros de chiffre d'affaires. C'était plus d'emplois que dans l'industrie automobile (530 000), chimique (340 000) ou sidérurgique (123 000). Près de 70 % des salariés du textile étaient des femmes.

La crise qui affecte depuis plus de six ans notre industrie a atteint, au cours des deux dernières années, un point d'une extrême gravité, alertait le rapport dans son préambule qui énumérait les dépôts de bilan. En 1979, les Français dépensaient peu pour leur habillement : environ 160 euros par an et par habitant. Le rapport énumérait les chutes tragiques des chiffres d'affaires, branche par branche : maille, coton, féminin, masculin, sous-vêtements, parapluie. Aucune filière du textile ou de l'habillement ne résistait à l'arrivée massive des produits étrangers. En 1970, l'industrie du parapluie comptait 58 entreprises employant 1 978 personnes. En 1979, elles n'étaient plus que 28 pour 1 696 employés. Elles sont cinq aujourd'hui pour quelques centaines d'emplois.

La commission pointait l'origine de l'effondrement. *Une partie des problèmes provient du détournement délibéré des règles qui régissent le commerce international, cela aussi bien par les États que par les exportateurs, avec la complicité des importateurs.* En clair, les Français étaient trop réglo, trop bien élevés. *À cet égard, il apparaît que trop souvent la France s'efforce de respecter des normes internationales dont les données sont faussées par des partenaires qui, eux, ne les respectent guère,* critiquait le rapport visant l'Italie et son travail au noir ou l'Allemagne et ses sous-traitants dans les pays de l'Est. Les fraudes, les certifications de complaisance sur l'origine des produits, le coût élevé de la main-d'œuvre française assombrissaient encore le tableau.

Un chapitre du rapport traitait du sort des Vosges qui, du fait d'une *grande misère*, allaient devoir bénéficier d'aides spécifiques. *La soudaine et brutale dégradation de la situation des industries textiles, dont la Commission a pu mesurer l'ampleur lors de son déplacement dans les Vosges, nécessitera de toute évidence des mesures complémentaires.* Un plan d'action prévoyait de nombreuses subventions en vue de la modernisation des outils et la recherche de nouveaux textiles. Mais les sénateurs ne voyaient pas l'intérêt d'investir dans des produits *haut de gamme*. *Une industrie textile forte ne peut se dispenser de s'appuyer sur des* *productions de masse*... Grave erreur d'appréciation : une trentaine d'entreprises * restent actives aujourd'hui dans les Vosges, uniquement parce que, contre l'avis des politiques, elles ont investi dans le textile haut de gamme.

Si les Français se montraient trop respectueux de la législation internationale, les Américains, patriotes et malins, parvenaient plus aisément à contourner les lois et règlements internationaux. *Les Français ne savent pas bien protéger leur marché national alors que d'autres pays, et en premier lieu les États-Unis, sont passés maîtres dans l'utilisation des obstacles.* Les rapporteurs de la Commission relevaient les acrobaties *de l'administration des douanes américaine, soutenue par les tribunaux fédéraux, pour* interpréter et donc taxer à leur guise les produits d'importation. Par exemple, les *épaulettes, écussons, poches, boutons fantaisie* classés en *produits d'ornement* se retrouvaient lourdement taxés quand ils étaient importés. Et beaucoup moins lorsqu'ils étaient de fabrication américaine. Le Japon se montrait également très fort pour protéger son industrie en jouant sur les normes et les droits de douane. À la lecture de ce genre de détails, on comprend mieux comment nous avons perdu la guerre économique du textile et pourquoi celle-ci préfigurait les défaites suivantes. Pourtant, on n'a rien vu venir.

L'Europe et sa politique commune étaient clairement visées : *Le fonctionnement actuel du marché européen ne peut que porter atteinte à l'efficacité des procédures nationales de contrôle. En effet, dans une telle organisation, toute décision communautaire est une synthèse des positions nationales, c'est-à-dire une moyenne au niveau de son contenu tandis que les divergences de situation des pays*

* Soit environ 3 000 emplois selon les chiffres du Syndicat Textile de l'Est.

membres entraînent des disparités au niveau de l'application. La France, sa lourdeur bureaucratique, ses lenteurs politiques en même temps que le manque d'adaptabilité des entreprises françaises au marché émergeant se retrouvaient également dans le collimateur de la commission : *Certaines entreprises françaises n'ont pas su gérer la concurrence des pays en voie de développement...*

Ces 400 pages constituent une longue litanie d'une surprenante modernité. Le rapport vieux de trente-deux ans n'a pas pris une ride – contrairement à son rapporteur, le sénateur Poncelet – et pourrait être entièrement repris aujourd'hui en remplaçant le mot *textile* par *automobile, sidérurgie* ou *chimie. La Commission d'enquête n'a méconnu aucun des aspects de la crise du* textile, *elle n'en a pas ignoré la complexité; c'est pourquoi elle a refusé les solutions commodes et simplistes, voire irréalistes, témoin celle qui voudrait revenir purement et simplement à un protectionnisme absolu. La priorité des priorités lui a paru de redonner confiance à une profession qu'elle a sentie désemparée malgré les efforts incontestables qu'elle avait faits. Pour cela, des mesures immédiates lui sont apparues nécessaires : elles consistent dans un changement d'attitude face au problème des importations. Trop longtemps, les industries du* textile *ont eu l'impression de servir de monnaie d'échange dans les grandes négociations internationales, alors même qu'elles représentaient l'un des tissus industriels les plus anciens et les mieux diffusés sur l'ensemble du territoire. Il faut, tout de suite, briser la spirale infernale des importations,* concluait le rapport. Cette relecture à trente-deux années d'intervalle est cruelle et montre l'impuissance des politiques face à la mondialisation des marchés. Même aujourd'hui, le ministère du Redressement productif, cher à

François Hollande et à Arnaud Montebourg, tient à peu de chose près le même discours que ces sénateurs de la fin des années Giscard.

En 1986, cinq années après la remise de ce rapport *Textile*, les ouvrières des filatures accepteront de disparaître sans trop la ramener. Une petite manif avec dix mille personnes au centre-ville d'Épinal. Et puis basta. Elles ont essuyé les plâtres et leurs larmes avec des tee-shirts en coton *made in China*. Elles ont vu qu'en Asie, des femmes et des hommes de leur condition filaient pour vingt fois moins cher. C'était injouable. C'était les premières soumissions aux diktats du marché. Et les premiers signes d'impuissance des politiques. L'arrivée de Philippe Seguin et ses promesses de reconversion n'ont rien changé à la donne. Il était sympa Seguin. Il pensait faire mieux que Poncelet. Les deux hommes se détestaient. Seguin était un des seuls à droite à s'opposer à la peine de mort. Il faisait tache dans le paysage. Il était plus jeune, plus ambitieux, plus cultivé. On lui promettait un avenir radieux. Il brisait soudainement nos imageries d'Épinal. Comment un mec de droite peut-il être contre la peine de mort ? C'était ce genre de question qu'on se posait à la fac de Nancy à la fin des années 70. En lisant les éditos de Bizot dans *Actuel* et les papiers de Mangetout dans *Libé*, en écoutant Yes, Police et Genesis. Mike Oldfield et Léo Ferré. *La the nana, c'est du jasmin sous une guenille. La the nana, du cousu main en espadrille. C'est du vison en haut des quilles... Quand ça t'emballe au bout d'la rue, ça te fait marron et ça te lâche plus...*

Vous êtes en voiture, vous filez sur une départementale bordée de sapins avec votre fils vaguement endormi sur le siège enfant, des images et des musiques remontent du passé, sans que vous ayez appuyé sur aucun bouton.

Les Vosges, c'était aussi mes débuts à *Libération*. J'étais pigiste. J'adorais raconter des histoires. Je roulais en Renault 4 bleu marine (le modèle sport avec une galerie, les sièges arrière amovibles et des garnitures noires). Je me traînais partout avec un jeune briard prénommé Ugo dans l'arrière de la voiture spécialement aménagé pour lui (couverture en laine, gamelle, os en plastique). Aucun calcul de ma part. J'aimais bien être avec ce chien. Pour le contact avec les autochtones, un chien, comme un môme, permet d'engager la conversation. Le chien crée du lien. Quand Loretta est née, j'ai changé de voiture et on a dû se séparer du briard. *Ugo de la Reliquée* devenait agressif avec Géraldine. On s'est quittés fâchés à mort lui et moi. Enfin surtout lui. Je l'ai laissé chez mes parents qui avaient un nouveau compagnon plutôt encombrant. Dans sa tête de chien, je l'avais abandonné. Dans sa tête de chien, il n'a pas compris qu'il déconnait à vouloir sauter sur le gros bide de Géraldine. Il est mort chez mes parents. Malgré mes caresses, mes os à ronger, mes côtes de bœuf et mes saucisses spécial briard, il ne m'a plus jamais souri.

Il n'y avait pas que la crise du textile dans les Vosges. Il y avait aussi les faits divers. J'avais fait le plein dans une station sur la route de Bruyères à Docelles. J'avais demandé où était la Vologne et donné à boire au chien.

– *Vous venez pour le petit qu'on a trouvé hier ?*

– *Oui je veux juste voir. Je rentrerai ce soir.*

Je suis resté deux ans. Le gars de la station avait la *Liberté de l'Est* ouvert sur son comptoir, avec en pleine page le corps d'un enfant porté par un sauveteur. Les poignets et les mollets noués par une corde, le bonnet de laine baissé sur les yeux. La nuit noire. Le flash du photographe de la *Liberté de l'Est*. Cette image va nous hanter.

Bientôt trente années qu'elle est présente et revient par petite houle régulière. J'avais un peu gratté sur la sidérurgie et couvert quelques procès d'assises et crimes de sang. Mais l'assassinat de Grégory Villemin me fera prendre conscience de la difficulté et de la folie de ce boulot. Journaliste, chercheur d'infos, dénicheur de scoop. Chaque année, depuis bientôt trente ans, quelqu'un m'appelle ou me demande de témoigner sur la mort de cet enfant. Chaque année, je refuse. Chaque année, il se passe quelque chose. Un film, un documentaire, une émission « spécial énigme », un avocat ou un témoin mort, une décision de justice. L'ADN des cordelettes. L'ADN du timbre collé sur la lettre ayant annoncé, avant sa mort, l'assassinat de l'enfant. Les analyses de voix du corbeau qui pourraient révéler enfin le secret. J'ai fini par me forcer à oublier cette histoire. Quelques fois, comme une pensée parasite, la photo de la Vologne revient et les images suivent en tourbillon. Il suffit d'une route. On est passés si près.

6.

Les singes

Avec Woody, on quitte la route de Lépanges et on bifurque vers Kintzheim. On part visiter la montagne aux singes. C'est un immense enclos grillagé au cœur d'une forêt où deux cents macaques importés du Maroc dans les années 70 se sont adaptés aux rigueurs de l'hiver vosgien et filent la banane à de milliers d'enfants. On leur a donné du pop-corn et on a mangé des knacks-frites au milieu de Belges en sandales, d'Allemands en short et de Japonais en Dior. D'après un guide du parc, le tourisme monte en flèche en Alsace et en Lorraine. En période de crise, c'est une importante source de profit. Depuis qu'une extension du Centre Pompidou s'est posée à Metz, les *tours operators* ont coché la ville en rose fluo sur leur planning. D'après un des responsables de la montagne aux singes, la construction du musée messin fait migrer de nouveaux touristes vers Kintzheim, comme vers le château de Lunéville, le lac de Gérardmer ou les cathédrales de Colmar et Strasbourg. À voir le parking de la montagne aux singes plein de BMW et de Mercedes immatriculées en Allemagne ou au Benelux, on est tenté d'y croire. Je me demande pourquoi les Français ont toujours les voitures les plus pourries. Je me demande si les Lorrains, plutôt travailleurs, conservateurs et râleurs, sont mûrs pour qu'on transforme une région postindustrielle en un Luna Park pour Allemands en short. Je me demande si, quand ils sont en Allemagne, les Allemands sont si nombreux à porter des shorts.

François Mitterrand est le premier à avoir esquissé l'idée de cette reconversion en zones de loisirs. C'était pendant la campagne pour la présidentielle de 1981. Sur la place principale de Longwy, devant une foule pressée de liquider les années Pompidou et les années Giscard, il avait promis, dans un discours resté gravé dans les crânes des Lorrains, que pas un emploi ne serait supprimé dans la sidérurgie s'il était élu. Il y a eu l'année suivante le Plan acier et les premières fermetures d'usines. Dans les coulisses du pouvoir socialiste, le Premier ministre, Pierre Mauroy, et son ministre de l'Industrie, Laurent Fabius, se livrent alors une « bataille terrible * ». L'économie mondiale de l'acier évolue. De nouveaux États producteurs apparaissent comme le Brésil et la Chine. Les Américains développent les premières aciéries électriques. Les usines françaises vieillissent, leur production ne trouve plus preneur et les débouchés ont été surestimés depuis vingt ans. Usinor dans le Nord et Sacilor en Lorraine perdent beaucoup d'argent. L'État, en vertu d'accords européens, n'aura plus le droit de subventionner le secteur. En 1983, son aide s'élevait encore à plus de deux milliards d'euros. Quelque 25 000 emplois vont disparaître. Où opérer cette coupe ? Dans le Nord, chez Pierre Mauroy ? En Lorraine, dont dépendent les aciéries de Normandie,

* Jacques Attali, *Verbatim. 1981-1986*, Fayard, 1993, puis collection Bouquins, Robert Laffont, 2011.

terre d'élection de Laurent Fabius ? François Mitterrand annonce que la restructuration est nécessaire et qu'il va devoir arbitrer. Les sidérurgistes lorrains, flairant le mauvais sort, descendent dans la rue à Metz et Longwy. *Ils vont mettre le pays à feu et à sang*, avait prévenu Edmond Maire, le secrétaire général de la CFDT de l'époque.

Comme les Lorrains menaçaient de tout faire péter, l'État a concocté des plans sociaux plutôt généreux et donné d'importantes subventions pour édifier un parc d'attractions à côté de Metz. Un *Schtroumpfland* dirigé par un énarque, ami de Laurent Fabius, qui sera viré deux ans plus tard, pour fausses factures et mauvaise gestion. Mitterrand expliquait que le salut de la Lorraine passerait par l'industrie des loisirs. Plus de cent millions d'euros de fonds publics ont été investis. Mitterrand avait annoncé dans une émission de télé chez Yves Mourousi que ce parc marquerait sans doute un changement heureux pour la région et ses habitants. Le début d'une reconversion. Le présentateur du journal de TF1 avait chambré le président : *Vous allez peindre les sidérurgistes en bleu et leur mettre un bonnet blanc*. Ils avaient ri, le président avait concédé que le parc aller embaucher de nombreux sidérurgistes au chômage. C'était humiliant. Et c'était faux. Inauguré en grande pompe en mai 1989, le parc sera revendu pour presque rien deux ans plus tard aux Belges de Walibi qui le rebaptiseront Walibi Schtroumpf. Les petits hommes bleus de Peyo vont peu à peu disparaître mais Walibi et son emblématique kangourou vont résister. Une société d'investisseurs anglais va racheter le groupe Walibi en 2004 et revendre le parc lorrain nettement déficitaire, deux ans plus tard, à deux frères ayant fait fortune dans les manèges de fêtes foraines. Ils doivent changer de nom car ils n'ont pas la licence Walibi. Il l'appelle alors *Walygator Parc*, mais les déficits se creusent et le public ne suit pas. Le montant du ticket d'entrée est comparable à Euro Disney pour trois fois moins d'attractions. La faillite arrive en 2013 et le tribunal de Metz confie les clés *in extremis* à une dame ayant fait fortune dans l'informatique. Elle se lance dans un pari osé et symbolique. Elle veut redorer l'image du parc en rénovant les attractions et en inventant de nouvelles.

Si elle se plante, le conseil régional pourra toujours en faire un musée et un lieu de pèlerinage pour sidérurgistes à la retraite et vieux enfants nostalgiques des Schtroumpfs et de François Mitterrand.

Les macaques de Barbarie matent, perchés sur de grands arbres, les foules qui entrent et sortent en s'extasiant sur leurs mimiques. Les singes aux dents blanches et aux yeux ronds et malicieux rêvent peut-être du soleil de Casablanca ou de la baie de Tanger. L'espèce est en voie d'extinction là-bas. Entre le commerce illégal d'animaux de compagnie et la destruction de leurs forêts, il n'en reste que quelques milliers de l'autre côté de la Méditerranée.

Une de mes voisines, Mme Cremonini, en possédait un dans une belle cage dorée qu'elle avait installée dans sa cuisine. Le même, un macaque de Barbarie. J'avais sept ans, l'âge de Woody, et Michel, le fils de Mme Cremonini, était un de mes meilleurs copains. Tous les matins, je passais devant chez lui pour qu'on parte ensemble à l'école. J'étais fasciné par leur singe. Parfois, elle le laissait se promener dans son salon ou jouer avec nous. Le singe mettait un vrai souk dans la villa. Le père était entrepreneur, absent toute la semaine. La mère vivait avec mon copain et son macaque. Le singe avait l'air vraiment plus malin que sa patronne. Quand il était trop énervé, elle s'enfermait avec lui dans sa cuisine et le branlait. Elle ne s'en cachait pas. *C'est bon pour lui, ça le vide et ça le nettoie*, disait-elle en riant. Mon copain était très perturbé. Il est devenu procureur général. Je le vois de temps à autre à la télévision. C'est un magistrat très répressif.

– *Tu crois qu'ils sont heureux les singes?* demande Woody en remontant dans la voiture.

– *Je ne sais pas, je ne suis pas dans leur tête*

– *Pourquoi qu'ils ne s'échappent pas?*

– *À cause des grilles...*

– *Oui mais t'as vu. Il y a des arbres plus hauts que les grilles. Ils pourraient monter...*

– *Ils ont peut-être le vertige?*

– *Tu te moques de moi?*

– *Non Woody, mais tu sais quand on est enfermé depuis tellement longtemps et qu'on est tranquille, on nous donne à manger. On est entre copains, on n'a plus envie de partir...*

Après les promesses non tenues de Mitterrand, les plans de licenciement successifs sous la gauche, la tentative en 2001 de rapprochement avec les aciéristes espagnols et luxembourgeois pour créer Arcelor, premier groupe sidérurgique européen, et enfin la revente du groupe au magnat indien Lakshmi Mittal en 2006, Nicolas Sarkozy en a remis une couche à Gandrange en 2010, promettant des jours meilleurs et l'aide de l'État. *Pas de fermeture de Gandrange,* avait insisté le président juste élu. L'usine fermait un an après. Plus près de nous, François Hollande à Florange du haut d'un bus, en pleine campagne pour la dernière présidentielle, déclarait qu'il mettrait en place une loi pour sauver Florange et empêcher les fermetures d'usines rentables et les licenciements boursiers. Il a fait cette promesse solennelle devant des milliers de manifestants. Il allait tout entreprendre pour que vivent les derniers hauts fourneaux lorrains. Un an plus tard, toujours pas de loi et les hauts fourneaux sont définitivement éteints. Depuis trente ans, des palabres, des engagements sur l'honneur, des conventions, des commissions. Et toujours la fuite en avant, de nouveaux chômeurs, des commerces qui ferment, des maisons à vendre.

En avril dernier, ultime acrobatie politique, la victoire de Mittal contre les grévistes et le ministre Arnaud Montebourg qui s'était engagé pour une renationalisation du site de Florange. Les mineurs et les sidérurgistes lorrains sont devenus les macaques du régime. On a sacrifié leur habitat naturel. On en garde quelques-uns derrière des grilles. Ils entretiennent des hauts fourneaux éteints et des laminoirs marchant au ralenti. On en place d'autres dans des réserves. On les nourrit, on les drogue, on les ankylose. Leur air sombre et fatigué. On leur met dans la tête des images qui les endorment et des mots qui, à petit feu, transforment leur colère en ressentiment. Pour finir en ulcère. Quelques-uns gardent cette lueur de rage dans le regard. Elle montre qu'ils ne sont pas dupes. Et qu'à la moindre occasion…

J'habite un no man's land, un pays de fer et de charbon. Ici, l'avenir a longtemps reposé sur son sous-sol, ses entrailles, ses galeries. Depuis une vingtaine d'années, les mines, les hauts fourneaux et les laminoirs ferment, rouillent, deviennent des musées ou sont démontés pour être exportés en Chine, en Corée ou au Vietnam. J'aurais pu vivre ailleurs. Une machine à écrire, un téléphone, une gare à proximité : je n'ai besoin de rien d'autre. On m'a proposé des maisons dans le Sud pour pas trop cher, j'ai toujours trouvé des excuses pour rester au bord de la Moselle. À l'ombre des grands arbres, des forêts à champignons, près du canal, où l'on pêche à nouveau des petits goujons, de la cathédrale Saint-Étienne et des cheminées qui fument. Je ne vais plus aux champignons. Mes cannes à pêche et mes moulinets prennent la poussière. L'autre dimanche, j'ai voulu emmener Woody au bord de la Moselle. Mon épuisette avait moisi. Cinq ans que je n'y avais plus touché.

Il pleut beaucoup dans l'Est. En hiver, il fait froid. Il n'y a pas la mer. J'ai quelques difficultés à délimiter mon coin. C'est à l'intérieur d'un territoire concentrique qui va de Reims à Strasbourg, de Sedan à Dijon. Un autre cercle va de la frontière luxembourgeoise à Épinal, de Forbach à Verdun. Le troisième cercle, c'est la vallée de la Fensch. Je viens de là. Même si j'ai migré vers Metz.

Depuis dix ans, j'ai posé mes valises à l'orée d'une forêt. Sortie 31 sur l'autoroute A31. Prendre la direction des anciennes scieries, bifurquer vers la colline la plus haute. Un ruisseau traverse le parc derrière chez moi. Nous sommes mille six cent habitants à avoir trouvé refuge autour des ruines d'un ancien cimetière mérovingien. Il paraît qu'on y brûlait des sorcières. Une moitié sont des villageois de souche. Des enracinés. Les autres ont fui les trafics urbains et sont des pièces rapportées. Des déracinés. Le bruit le plus répandu dans mon village est celui des tronçonneuses qui s'attaquent aux chênes et aux hêtres. Une dizaine de villageois se partagent chaque année les stères de bois de la forêt communale qui a été désertée par les militaires. Jusqu'à l'an passé à un kilomètre de chez moi, caché dans un blockhaus, une trentaine d'agents appointés par la Défense nationale scrutaient l'espace aérien. À dix mille mètres au-dessus de nos têtes, un Transall bourré d'électronique leur envoyait des images du ciel. Vous localisiez le Transall, vous lui envoyiez une décharge et vous étiez peinard pour faire sauter l'Élysée et la tour Eiffel.

Un étranger peut confondre, en saison de coupes, le bruit des tronçonneuses avec celui des avions ou des hélicoptères des bases militaires environnantes qui survolent toujours le coin. Malgré les restrictions dans les budgets de la Défense, nous restons encadrés et surveillés. Je me suis habitué à ces bruits. Quand certaines journées sont trop silencieuses, je les attends. Petit, c'était le bruit des wagonnets qui trimballaient le minerai de fer dans la côte derrière chez mes parents. Le minerai est toujours là mais l'extraire ne rapporte plus assez. J'ai toujours vécu entouré d'usines, de types en bleu de travail, de paysans traînant des vaches et de vendeurs ambulants. Ça me manque aujourd'hui.

Je vis dans un pays de travailleurs et d'émigrés, des Italiens, des Polonais, des Espagnols, des Portugais, des Arabes, des Capverdiens. Un pays de sang-mêlé. J'ai pris racine dans une région de chômeurs, de préretraités et de touristes, un coin de France qui se cherche un avenir et une identité. Les deux sont liés. J'habite à proximité d'une ville où vient de se poser un musée qui ressemble à une soucoupe volante. Je n'ai jamais vraiment quitté cette région même quand j'avais un boulot du côté de République à Paris. De plus en plus souvent, mon entourage fait pression pour qu'on déménage. Je pourrais habiter Marseille, Paris, Trouville, Saint-Tropez ou Biarritz. Je résiste. Je sais que l'horizon est bouché, qu'on s'emmerde dans ce coin, mais on s'emmerde partout quand on n'a plus de rêves. Et de ce bout de terre bordé par trois frontières, la vue est imprenable sur la folie du monde.

7.
Dieu Tout-Puissant

Woody et moi avons enchaîné sur la volerie de rapaces de Kintzheim, à quelques kilomètres des singes. Là où les vautours, les aigles et les milans planent si bas que vous sentez leurs plumes frôler vos joues. Woody est content. Il est le premier enfant de la foule de touristes dont le bras sert de piste d'atterrissage pour une buse américaine. Sept ans et même pas peur. Les numéros des dresseurs s'enchaînent au rythme de cinq par jour devant des assemblées de plus en plus imposantes.

Mon téléphone sonne sans arrêt. Depuis une semaine, je suis suivi par une jeune femme qui me pose sans arrêt les mêmes questions. Je lui avais promis une réponse mais je cale. Tous les jours, elle me rappelle avec son joli sourire de téléphone pour me dire qu'elle attend mes réponses en cinq mille signes. Elle est journaliste et travaille pour un média catholique. Je tourne les questions dans ma tête et rien ne sort. Un passage à vide comme parfois en philo quand j'oubliais les sujets qui m'ennuyaient. L'homme est-il bon ? Quelles sont les preuves de l'existence de Dieu ?

Est-on naturellement doué pour le bonheur ? Les hommes politiques ont-ils le moral ? Oui, non, je m'en fous. Les Français ont-ils le moral ? Ceux que je connais, plutôt non. La faute au prix du gaz, du litre d'essence, aux varices, au cancer, au terrorisme islamique et à Jérôme Cahuzac. À ceux qui tiennent les manettes du pays. La faute à la mondialisation. La faute à l'Europe. La faute à TF1, à M6 et aux endormeurs publics, à Nicolas Sarkozy et à Pierre Moscovici. La faute à Vincent Bolloré, à Bernard Arnault et à Jaques Attali. La faute à Internet, au Japon, au dérèglement climatique et au fantôme de Mouammar Khadafi. La faute aux Africains qui débarquent en masse à Lampedusa. La faute aux musulmans et aux Tchétchènes qui déposent des bombes jusqu'à Boston et aux banquiers qui nous cuisent et recuisent à feu doux. *On peut monter la température, ils sont groggy…* Les hommes politiques sont-ils bons ? Dans leur ensemble, ils font ce qu'ils peuvent. Et ils peuvent beaucoup, quoi qu'on en dise. Ils peuvent bien sûr ouvrir des médiathèques, créer des lignes de trams, des bibliothèques dans des lycées. Ils peuvent sauver des hôpitaux, envoyer des soldats à la guerre. Mais ils ne peuvent visiblement rien contre les bénéfices de Total, de H&M, de BNP Paribas, de la famille Rockefeller ou de Goldman Sachs. Alors qu'ils pourraient beaucoup. Ils pourraient interdire à toutes banques de transférer un penny vers un paradis fiscal. Sous peine de taxe. Une grosse taxe. 100 % de la somme virée. Bingo. Ils pourraient définir une fois pour toutes ce qu'est un paradis fiscal et se renseigner un peu mieux sur les règles du *offshore*. Ils pourraient taxer les produits fabriqués en Chine ou au Bangladesh par des esclaves payés un euro par jour. Ils pourraient commencer par les sociétés qui font travailler les enfants. Les petites filles qui cousent des chemisiers à Dacca pour H&M ou tous ces hypermarchés français qui se planquent derrière leurs sous-traitants. Cachez ces petites filles qui cramment et que je ne saurais voir. Ces taxes réveilleraient peut-être l'industrie textile dans les Vosges. La Commission de Bruxelles va bientôt taxer les capteurs photovoltaïques venus de Chine et qui tuaient le marché ici. 47 % de taxe. Pourquoi ont-ils attendu autant ? Il faut maintenant enchaîner en imposant lourdement les fabricants de téléphones portables ou d'écrans plats qui font mourir des enfants dans des mines de coltan au Congo. Quelle était la question ? C'était à propos des hommes politiques. Dire ce que je pense de leur sens moral. Ils manquent d'humilité. Ils manquent d'idée sur l'avenir. Ils manquent de conviction, de spontanéité et de rêve. Ils pensent à leur élection, à leur voiture de fonction et à leur rente de situation. Ils manquent surtout d'humilité et d'imagination. Notre démocratie vit-elle au-dessus de ses moyens ? C'était une des questions. Je rappelle la fille et je lui explique pourquoi à mon avis, la réponse est oui. Woody fait la gueule parce que mon explication prend du temps.

– *C'est quoi le Sénat papa ?*

– *Un machin qui ne sert à rien.*

Quand Woody ne comprend pas, je lui ai appris à insister et à ne jamais avoir peur d'être ridicule :

– *Un machin comme quoi ?*

– *C'est une sorte de château à Paris avec des gens qui se réunissent pour parler dans le vide et pour toucher des sous. Nos sous.*

– *Des voleurs ?*

– *Non pas exactement. Je t'expliquerai plus tard...*

Cinquante ans que la question du Sénat est sur la table. De Gaulle, déjà, voulait le supprimer. Les conseils généraux, idem. Inutiles. Superfétatoires. Coûteux. Nuisibles. Machines à corrompre. On a déjà perdu tellement de temps, dépensé tellement d'argent, supporté tellement de décisions sans fondement, avalé tellement de couleuvres. Et de rapports de commission.

– Papa, pourquoi tu t'énerves ?

– Je ne m'énerve pas. Je lui explique. Et puis tu as raison. Ce n'est pas si grave. Excusez-moi mademoiselle, je suis avec mon fils et on doit aller voir des chevaliers...

On a fini la journée par la visite du Haut-Koenigsbourg. Le château le plus haut perché de l'est du pays. L'empereur Guillaume II, le dernier des rois de Prusse, voulait affirmer la supériorité de la chevalerie teutonne. Il a mis un argent fou dans la restauration de son château. Il voulait faire des ruines du Haut-Koenigsbourg un musée et pensait déjà aux touristes. La restauration s'est achevée en 1908. Guillaume II avait l'ambition de montrer au monde que l'Alsace et la Moselle étaient d'essence germanique. C'était inscrit, selon lui, dans notre code génétique.

Dix ans et une guerre plus tard, les cartes ont été redistribuées. Nous sommes redevenus français jusqu'à l'arrivée des nazis qui nous ont annexés à nouveau pour lâcher l'affaire en 1945. Depuis, les Alsaciens et les Mosellans continuent à naviguer entre deux eaux, comme ballottés dans un vieux cocktail d'amour et de haine qu'une main oublieuse aurait laissé traîner trop longtemps sur le bar de l'histoire. Cette métaphore-là, je reconnais, fallait oser.

Je lis tous les jours ou presque le *Républicain lorrain*. Ce matin, pendant que Woody dormait, dans l'édition de Saint-Avold, j'ai relevé le compte rendu d'une conférence donnée par un professeur d'histoire au centre culturel Pierre-Messmer, devant *170 personnes*. Le prof expliquait le nombre important de Mosellans qui ont travaillé pour le compte des Allemands contre d'autres Mosellans. *Sans eux la Gestapo n'aurait jamais pu atteindre ses objectifs.* Les Mosellans étaient nombreux à collaborer par conviction, d'après le prof. Des milliers. *Ils se posaient la question de savoir s'il fallait être loyal avec l'Allemagne qui avait respecté les particularismes locaux ou avec la France qui s'était montrée arrogante.* Et le professeur d'ajouter : *En se posant en champion des valeurs chrétiennes, ces valeurs qu'il piétinait dans les camps de concentration, le Reich allait obtenir pour sa croisade contre le communisme des soutiens dans une population très attachée aux valeurs religieuses.* Pour d'autres Mosellans, l'appât du gain et l'esprit d'aventure auraient été déterminants. *Avec beaucoup d'habileté, la Gestapo a su se constituer un réseau d'informateurs disséminés dans tout le département,* concluait le conférencier.

Dans le même journal, sur la page suivante, à Puttelange-aux-Lacs, près de la frontière allemande, on racontait, photo à l'appui, qu'un abbé nouvellement débarqué avait été accueilli chaleureusement par ses paroissiens. *C'est de la salle du presbytère que le cortège s'est rendu devant l'entrée de l'église avec à sa tête « le Suisse » en tenue d'apparat, suivi des servants de messe et de plusieurs prêtres. Comme le veut la tradition, le maire a remis symboliquement les clefs de l'église à l'abbé Sébastien Douvier. De nombreux paroissiens avaient pris place dans l'église richement décorée et illuminée.* La tradition des Suisses existe toujours à l'est du département. Quand j'avais l'âge de Woody, un Suisse surveillait la messe du dimanche avec de beaux habits rouge et doré, des gants blancs, un bicorne et une hallebarde. Copie conforme des gardiens du Vatican, il arpentait les dalles de l'église Saint-Martin de Fameck et fliquait les bavards et ceux qui auraient été tentés de faucher l'argent de la quête. J'étais sage comme une image de missel. Ma grand-mère et mon arrière-grand-mère étaient deux bigotes. J'ai été élevé dans le culte de la Vierge Marie, du bon saint Joseph et de Jésus-Christ, le fils de Dieu Tout-Puissant. J'ai lâché l'affaire en sixième, après un conflit très dur avec mes parents. L'église m'ennuyait, le catéchisme était une corvée. Aucun de mes enfants n'a eu à subir un enseignement religieux. Ici, en Moselle, il faut faire une demande spéciale de dispense. À l'école publique Sainte-Thérèse de Metz où étaient scolarisées mes filles, nous étions quatre sur trente à demander cette dispense. Les parents qui envoyaient leurs enfants au cours de religion n'étaient pas forcément catholiques, encore moins pratiquants. Ils se disaient que c'était bon à prendre cette heure de morale avec un Jésus en toge et en sandales, une Marie toujours vierge et les vilains mécréants. Les cours de religion offraient gratuitement un apprentissage de la distinction entre le bien et le mal.

Le bien, le mal. La Gestapo. L'Église catholique. La Moselle est catholique de tradition. Le Luxembourg aussi, comme nos voisins de la Sarre et du Land de Rhénanie-Palatinat. C'est donc pour le bien que des résistants ont été dénoncés. En Alsace et en Moselle, les salles de classe et les tribunaux affichent partout et ostensiblement des crucifix. Dans les trois autres départements lorrains, pas question de mélanger l'Église et l'État. En Moselle, les curés sont des fonctionnaires payés avec les impôts des athées, des bouddhistes, des juifs et des musulmans *. Personne ne bronche.

* La Moselle et les deux départements alsaciens vivent sous un régime de droit local et un Concordat signé en 1801 par Napoléon et le pape Pie VII. Il n'a jamais été remis en question malgré les débats suscités par les liens spécifiques entre religions et État. Le Conseil constitutionnel l'a même validé en février 2013. Ce Concordat permet entre autres l'enseignement religieux à l'école et l'indemnisa-

J'ai été enfant de chœur. J'ai eu des cours de catéchisme avec Mme Pousseur qui nous faisait embrasser le crucifix. Il y avait des leçons de morale qui visaient à construire une barrière hermétique entre le bien et le mal. C'était confortable. Le petit Jésus et le diable. De Gaulle et les communistes. La gourmandise et l'ascèse. La luxure et l'abstinence. L'honnêteté et le vol. La pingrerie et la générosité. Au fil des ans, la barrière s'est gondolée. De Gaulle s'est fait virer. Jésus-Christ est devenu un hippy qui fumait de l'herbe dans les chansons de Johnny Halliday. Les curés se sont mis à jouer à touche-pipi. Mes parents et mes grands-parents n'y comprenaient rien. Le bien est rentré dans le lard du mal. Et réciproquement. Mais les crucifix sont restés collés dans les salles d'audience des tribunaux et sur les murs des écoles publiques. Il faut croire qu'en Moselle Dieu est plus puissant qu'ailleurs.

tion par l'État français des prêtres, pasteurs et rabbins. La question de l'intégration de l'islam à ce Concordat est régulièrement posée. En vain jusqu'à présent.

8.
L'avenir

Jusqu'à la dernière Coupe du monde de foot, j'étais content quand l'Allemagne perdait. Avant de commencer ce livre, je ne m'étais jamais vraiment posé la question de mon origine. Je suis né quelque part sur Google Earth dans un village entre Nancy et Longwy, au cœur de la vallée de la Fensch un peu plus bas que Thionville. Je me suis attaché à ce bled où mon père, son père et une bonne dizaine de générations de pères et de grands-pères ont élu domicile. Je suis l'avant-dernier missile d'une très vieille famille lorraine. Je suis perdu dans l'espace entre les morts et les vivants.

Soudainement, juste après la guerre, ces Lorrains de souche ont vu débarquer une colonie de Ritals aux mains calleuses et aux idées courtes. *Lavorare. Lavorare**. Ils débarquaient de partout en Italie pour extraire le minerai. Cette cargaison de filles et de garçons a fait de sacrés dégâts entre la Fensch et l'Orne. Les parents de ma mère étaient venus de Pesaro à pied. Quand on m'interroge sur les raisons de mon attachement à ce coin, je dis que je ne sais

* *Travailler. Travailler.*

pas. J'explique parfois que je suis prêt à le quitter mais j'y suis toujours revenu. Mes enfants y sont nés. Mes amis y habitent. Mes parents. Mon frère. Mon autre frère a migré près de Marseille dans une villa avec piscine. Mais il s'emmerde. Je suis mosellan. Je ne l'avais jamais formulé ainsi. Le Mosellan a toujours été tiraillé entre l'Alsace et la Lorraine. On l'a rangé dans une case, il aurait pu aller dans l'autre.

La Moselle est une enclave en Lorraine. Sa forme est bizarre. La Moselle a une tête de poivrot, couchée de profil, avec un énorme bouton sur le nez. Une protubérance qui aurait poussé à hauteur de Sarreguemines pour s'enfoncer en territoire allemand vers Trêves. Le conseil municipal de Trêves vient juste de virer Adolf Hitler de la liste de ses citoyens d'honneur. En 1979, un précédent vote avait rejeté la même demande. En 2010, le vote « pour l'exclusion d'Adolf Hitler » a été « massif ». Un seul conseiller a voté contre. L'information ici n'est pas que les conseillers municipaux de Trêves virent Hitler mais que trente ans plus tôt, une majorité a jugé qu'Hitler devait toujours être citoyen d'honneur de leur ville. Trente ans pour inverser une tendance lourde. Nationale socialiste. Antisémite. Trente ans. Karl Marx, né à Trêves, n'a jamais eu le droit d'être citoyen d'honneur de la ville.

La Moselle est une rivière jaune qui transporte des boues, des péniches, des tanches et des ablettes entre le col de Bussang dans les Vosges et Coblence en Allemagne où elle se jette dans le Rhin. La Lorraine est une enclave en France marquée par les guerres avec les boches. Verdun, trois cent mille morts pour ce bout de territoire en 1916. Trois cent mille cadavres pour rien. Les lignes de front n'ont pas bougé.

Cette région est difficile à cerner : 2 362 000 habitants vivent sur quatre départements, d'après le dernier recensement. La moitié est en Moselle. L'autre moitié vit en Meurthe-et-Moselle, dans les Vosges et dans la Meuse. C'est pénible la géographie. C'est fatigant la démographie de la Lorraine. Sa géologie. Son économie. Les Vosges sont les champions de France du fait divers et des images d'Épinal. La Meuse abrite des cimetières, des vaches, des chevaux et un lac appelé Madine que personne ne connaît sauf les Meusiens et certains touristes hollandais. La Meurthe-et-Moselle s'étale autour de la place Stanislas et Nancy nous est passé devant en football. Ils ont eu Platini. On a Bob Tahri.

On connaissait surtout Metz pour son club de foot, un des plus vieux du pays qui a failli gagner le championnat en 1997. Les Grenats du FC Metz se traînent depuis six ans dans des divisions inférieures après deux mille matchs en première division. Un mauvais recrutement, l'avènement des agents, les diktats de la télévision et la gestion trop pépère de son vieux président Carlo Molinari ont douché l'enthousiasme de ses supporters. Tout a changé, Carlo. Il faut gérer un club de football comme un fonds de pension ou un grossiste en boucherie-charcuterie. Acheter et vendre tes gars en short comme des produits d'investissement ou des quartiers de bœuf. Accepter de servir de *sparing partner* face à des clubs beaucoup plus forts. Jouer le jeu dans le ventre mou du championnat. Carlo a passé la main à Bernard Serin, un ancien cadre d'Arcelor ayant racheté une partie des activités du groupe sidérurgiste avant sa reprise par Mittal. Le réalisme économique a eu raison du club. Le

FC Metz perdait avec une constance étonnante avant d'être rétrogradé en Ligue 2, puis en National. Cette saison, les footballeurs du FC Metz sont deuxièmes derrière Créteil et devant Le Poiré-sur-Vie. Ils ont battu Rouen le week-end dernier. Ils vont remonter. Et notre moral en même temps. Quand Metz était en première ligue et gagnait, ça mettait un peu de baume au cœur aux supporters et aux lecteurs du *Répu*. Le foot crée un émoi collectif. Quoi d'autre permet ce brassage ? Il m'est souvent arrivé de m'absenter lors d'un dîner pour écouter une radio ou consulter sur un écran le score d'un match perdu sur un terrain lointain. Je suis attaché à ce club depuis si longtemps. J'ai emmené mon fils voir son premier match le 10 novembre 2012. Metz accueillait le Red Star. On a fait match nul un but partout.

Mon copain Ignazzio nous avait invités dans les loges d'un ami entrepreneur. L'équipe alignée était composée de très jeunes joueurs. Un vieil Argentin, quelques ronds-de-cuir de la Ligue 2 encadraient des juniors de la Gambardella *. Ceux qui se font remarquer sont très vite achetés par des clubs étrangers. L'équipe de cette année est généreuse mais inexpérimentée. Nous sommes une des plus vieilles équipes du Championnat de France. Nous avons fait connaître et formé une flopée de bons joueurs qui ont flambé ou qui flambent toujours à l'étranger : Pirès, Adebayor, Saha, Ribéry, Niang, Papiss Cissé… Nous sommes devenus un petit club sans autre ambition que celle de tenir. À Saint-Symphorien, depuis cinq ou six saisons, on va au stade comme on rend visite à un copain qui se bagarre pour éviter une faillite. On y va en souriant parce que si on tire la gueule, ce sera encore pire.

* C'est une Coupe de France pour les joueurs de moins de 19 ans.

Je suis allé voir le FC Metz jouer avec mes amis de collège, de lycée, de fac. J'aime la foule et l'excitation qui gagne les gradins quand le match commence. Georges Clemenceau disait que *le meilleur moment de l'amour, c'est quand on monte l'escalier.* C'est ce que je ressentais, enfant, au pied des tribunes. Chaque marche renvoyait à un passé où c'était dans la main de mon oncle Guido ou de mon père que j'allais au stade. La dernière marche franchie, la pelouse apparaissait éclatante et lumineuse. Je n'avais jamais rien vu d'aussi vert. Au coup d'envoi, on y croit encore. On se dit que ce soir ce sera différent. On se le dit chaque fois. Ça dure dix minutes et puis Ignazzio lance un sujet de conversation genre *Je crois que je vais acheter une nouvelle bagnole.* Et on décroche. Pourtant, on a été solides sur nos arrières. Combien étions-nous ce jour-là contre le Red Star ? Les recettes des matchs sont devenues le poste qui compte de moins en moins dans le budget du club. C'est le premier signe tangible de la défaite du football face à l'argent.

Tous les clubs pro ont des loges, ces endroits clos où les bourgeois et leurs amis boivent du champagne en regardant le match. La dernière fois que j'étais allé dans une loge à Saint-Symphorien, c'était avec Joël. On était invités par Publicis. Il était leur avocat. C'était en 1990. Je venais de prendre un congé de six mois pour écrire mon premier livre. J'avais signé un contrat pour une enquête sur une vieille dame qui avait tué son amant et l'avait découpé à la meuleuse à béton. Elle s'appelait Simone Weber. L'idée d'écrire un roman plutôt qu'un récit m'est venue dans ces loges pendant un match. Ce moment de bascule a été très important. Avant Simone, je ne pensais qu'en journaliste, soit le récit le plus près possible du réel. Et puis, à force de penser à elle, d'enquêter sur elle, de m'informer sur chaque détail de sa vie, je me suis mis à vivre les scènes qu'elle et ses amants avaient vécues. Je les ai en partie imaginées et les ai écrites. J'ai trouvé un chemin et emprunté cette passerelle si fragile et bringuebalante entre réel et fiction. Joël était l'avocat d'une des filles de l'amant découpé en rondelles. Ce jour-là, pour la première fois, dans cette loge, quand on m'avait demandé ce que je faisais dans la vie, je n'avais pas répondu que j'étais journaliste, j'avais dit que j'écrivais un livre.

– *Vous êtes écrivain alors ?* avait lancé la maîtresse des lieux.

Elle était brune et bossait pour Publicis. J'avais noté quelques lignes de notre conversation sur un carnet en quittant les loges. Elles allaient être les premières de mon premier roman. Pour des raisons qui peuvent paraître obscures, j'associe depuis le football à l'écriture.

On était une dizaine dans les loges de l'entrepreneur ce soir-là. Mais une centaine dans le couloir amenant aux loges. Woody avait amené sa console. J'ai bu une coupe de champagne avec le directeur technique de la mairie de Woippy, une cité de la banlieue de Metz tenue par un député UMP détestant le rap. *Dans certains quartiers, on a 55 % de chômage,* disait-il. *Mais on se bagarre.* Il vantait les aménagements urbains, la baisse de la délinquance. Les stades de foot sont un peu comme des arènes de quartier dans la province de Rome. Pas de mise à mort au final mais des sifflets. L'empereur est le président de la Région, le socialiste Jean-Pierre Masseret. Je connais bien l'animal. J'ai fait mes premiers papiers à *Libé* sur lui quand il n'était encore élu nulle part. Il n'était qu'inspecteur des impôts et marathonien. Aujourd'hui, ancien ministre et vieux sénateur, c'est le nouveau boss de la Région. Ce jour-là, au stade, des chargés de communication testaient un clip de fin d'année. Sur une musique d'ascenseur, des images de ciel bleu, d'éoliennes immaculées, de vertes prairies, de vaches paisibles, de foules en liesse, d'ouvriers en forme, de TGV rutilants, d'étudiants studieux, de vieillards souriants, de villages ensoleillés, des mots s'affichaient à un rythme soutenu : *Savoir-faire... Compétitivité... Tourisme.* Pull de laine noir, cheveux gris, regard perdu vers le lointain, Jean-Pierre Masseret fixait le pigeon et l'électeur et nous promettait un avenir radieux. Nous étions, selon lui, devant une année nouvelle pleine de *promesses* et *d'espoir*. Deux mois plus tard, le clip de Masseret va *napalmer* Internet. Impossible de se connecter à un site d'infos sans tomber sur cette Lorraine qui *abrite de prestigieuses écoles d'ingénieurs, de grands établissements scientifiques, des écoles d'art de renommée*. Le maître mot de son message, c'était *l'attractivité* : *Une attractivité industrielle avec la science, l'industrie, la recherche, les pôles de compétitivité, les investissements équitablement répartis sur le territoire*. Jean-Pierre Masseret enchaînait sans reprendre son souffle sur cette Lorraine riche *de tous ses territoires* qui ont *de l'excellence qu'il faut valoriser.* Il promettait de continuer à soutenir *la société civile à travers le monde associatif et sportif*. Il avait aussi des projets ambitieux *à caractère touristique et culturel*. Il assurait que l'image de la région allait changer et qu'il allait la rendre *encore* plus belle. *Ce ne sera pas toujours facile*, concédait-il. Pour relever le défi et le gagner, il nous souhaitait *plein de force, d'espérance, de bonheur partagé*. Malgré *les difficultés du moment*, il avait *confiance et foi* en nous. En ce que nous étions, en ce que nous valions. *Gardons confiance, on y arrivera. On y arrivera*, répétait Masseret. La musique d'ascenseur remontait. Fondu au noir et signature manuscrite de son nom.

J'ai essayé ce soir-là, entre deux toasts, de savoir combien cette campagne avait coûté. Impossible. Le budget communication de la Région Lorraine était de 5,7 millions d'euros en 2010, le double des budgets de Régions comme la Franche-Comté ou Poitou-Charente. La responsable du pôle communication est Natacha Masseret, fille de... Cinquante personnes sont salariées à plein-temps pour assurer cette communication. Et la fabrication de ce genre de clip.

Les loges du FC Metz sont l'endroit où on trouve le plus d'élus au mètre carré. Jean-Pierre Masseret a succédé à Gérard Longuet. Les deux hommes sont en bons termes. J'ai croisé ce soir-là un adjoint au maire de la ville, des conseillers généraux, le maire de mon village. Des dizaines d'entrepreneurs, des épouses perdues, des enfants avec l'écharpe du club. Tout le monde papote en enfournant des toasts de foie gras ou des mini-éclairs au caramel. On m'a parlé de *Charlie Hebdo* et de Clearstream. J'y ai appris qu'un élu du coin avait fait une tentative de suicide. Le *Répu* avait l'info mais n'a pas fait de papier. Protection de la vie privée. On m'a demandé mon avis. Je trouve que l'élu devrait assumer et en parler. Ça le rendrait plus humain et plus fort. Tout le monde s'ébroue, personne ne s'écoute. Si vous tenez plus de trente secondes de conversation avec un convive, vous êtes très fort. Peu sont là pour le foot. Beaucoup pensent à leur réélection. Vingt ans que je n'étais pas venu. En 1990, Metz avait fait match nul avec le PSG. Il y avait vingt mille supporters dans le stade. Nous avions Michel Ettorre dans les buts et Aliocha Asanovic, un Yougoslave magique, qui mettait des coups francs à la chaîne en pleine lucarne. En face, ils avaient Safet Susic et Jocelyn Angloma. En 2013, le PSG est un club qatari et Metz est en troisième zone. Le stade est quasi désert. Deux mille supporters ont fait l'effort de pousser la porte. Les distances se sont creusées entre gros clubs et petits clubs. Vingt ans plutôt, le FC Metz avait écrit SOLLAC * en très gros sur ses maillots grenat. Aujourd'hui, c'est écrit « Conseil général de la Moselle » en plus petit. Le club souffre et nous avec. Nous, les supporters.

– C'est rien Woody, ça va revenir, la chance va revenir, tu verras...

On connaissait aussi Metz pour ses casernes où des armées de types ont fait leur service et bu des coups dans les bars à putes de la rue du 20e-Corps. Les militaires se font la malle régiment par régiment. Ce n'est pas du pacifisme. L'état de guerre est permanent. La crise financière, la droite puis la gauche au pouvoir serrent les cordons du ministère de la Défense. Le gouvernement a promis des implantations de substitution. On attend sans trop y croire. Les maisons ferment, se vident. Les panneaux *à louer* ou *à vendre* fleurissent à tous les coins de rue dans la banlieue messine. Les agences immobilières licencient. On a des ressources. Enfin je crois. Les militaires partis, les putes ont vu leur chiffre d'affaires baisser. Elles sont slaves, ukrainiennes, albanaises ou hongroises. Moins d'Africaines. Elles font des piges de deux ou trois semaines et repartent. Elles sont devenues plus flexibles, elles migrent très vite vers Sarrebruck, Arlon et le Luxembourg où les *Eros Center* engrangent plus de bénéfices et où l'air sent moins le bigot. Le paysage change, les proxénètes aussi. Pour remplacer les soldats, on nous promet une école vétérinaire, un institut de sondage, des centrales avec légion d'intérimaires qui répondent au téléphone. On s'est habitué à ces promesses. Aucune n'a été

* Société lorraine de laminage continu.

tenue. On est au-delà de la révolte ou de la déception. La révolte est un mirage qui recule de jour en jour. Cette déception permanente est le meilleur allié du Front national.

La Lorraine, c'est surtout une croix. Le symbole de la France libre du général de Gaulle qui était lorrain de cœur. Même si Colombey-les-Deux-Églises est en Haute-Marne, on est voisins. *Un homme supérieur n'a pas d'amis puisqu'il n'a pas d'égaux... Les Français sont des veaux, la France entière est un pays de veaux... On dit de moi que je suis un dictateur mais a-t-on déjà vu un dictateur en ballottage...* Ma grand-mère Maria m'a emmené sur la tombe du général avec ses copines de l'amicale des amis du général. Mon grand-père Jules avait sa photo sur la table de nuit dans la chambre d'amis où j'ai révisé mon bac. Il écoutait ses discours à la radio. En 1968, il a pleuré. Deux ans plus tard, la mort du grand Charles a changé quelque chose à la maison, dans le village et dans la région. Nous étions en deuil. Sa présence était rassurante. On se disait qu'avec un homme de sa trempe rien de grave ne pouvait arriver. Je me sentais protégé par mon père qui se sentait protégé par son père qui se sentait protégé par le grand Charles. À sa mort, quelque chose manquait. Son ombre tutélaire. Le monde est devenu plus dangereux. La première mission d'un dirigeant politique, c'est de rassurer ses électeurs. Mitterrand avait un peu cette fibre. Chirac aussi, sur la fin, a joué les protecteurs. Sarkozy faisait flipper ses détracteurs comme ses électeurs. On voyait bien qu'il se contenait. On se disait qu'à tout moment il pouvait craquer, filer une tarte à un préfet, sauter sur une fille au décolleté plongeant ou déclarer avec la même énergie une guerre à l'Allemagne ou à la Mauritanie. D'ailleurs, le coup de la Libye avec BHL en attaché de guerre, je me demande. Hollande a été élu parce qu'il était plus rassurant que son adversaire. Lui au moins n'a pas eu besoin d'un attaché de presse pour envoyer nos troupes au Mali.

Dès que j'entame une discussion sérieuse sur le sujet – la Région, l'avenir, la politique du gouvernement, la crise financière, les paradis fiscaux, la guerre – au bout de cinq minutes, ceux que j'interroge se mettent à confier à demi-mot qu'ils ont peur. Jeunes, vieux, riches, pauvres, hommes politiques, de gauche, de droite, chefs d'entreprise, étudiants, militaires, footballeurs, chômeurs... Tous, à l'exception notable de quelques-uns de mes amis, après cinq minutes de gamberge, lâchent un verdict plutôt pessimiste.

Putain, quelle merde !

On va dans le mur et on y va tout droit.

Ça me fait surtout flipper pour mes mômes, moi je peux tenir mais eux ?

Franchement tu peux me dire où est l'issue ?

Qui va payer nos retraites ?

Quand tu penses au déséquilibre Nord-Sud. Bientôt on va les voir arriver ici...

On vient nous faire chier avec le numérique. Je n'y comprends rien à leur notice. Tout ce que je vois c'est qu'il faut encore payer pour regarder la télé et pour téléphoner. De plus en plus.

Ça ne tiendra plus. On renfloue les banques et on laisse couler la Sécu. Après l'argent on ira le chercher où ? Sur Mars ?

C'est la mort du travail et des travailleurs. Qui est ouvrier aujourd'hui ? Qui ? Qui investit dans l'industrie ?

Celle-là aussi : *Sarkozy... Sarkozy... Il y aurait Fillon ou Aubry, ce serait pareil, pareil. On ne peut compter que sur nous-mêmes et encore. Même pas...*

Ou sa version interchangeable : *Hollande… Hollande… Il y aurait Copé ou Marine Le Pen, ce serait pareil, pareil. On ne peut compter que sur nous-mêmes et encore. Même pas…*

On a vécu dans l'opulence. C'est fini. Il faut apprendre la décroissance… Mais c'est triste…

Franchement où on va ? Tu peux me le dire toi qui traînes à Paris ? Tu penses que Cahuzac est le seul ? N'importe quoi…

J'ai noté ces bouts de conversation au fil des jours dans un carnet. J'en ai environ cent cinquante. Je m'étais dit que je pourrais en faire un chapitre. Un long poème triste et désespérant. Mais c'était tellement triste et désespérant que même les recopier est une épreuve.

Les gens ne croient plus en l'avenir. Ou plutôt, ils ne parviennent plus à en entrevoir un dans la brume ambiante. Ceux qui se projettent imaginent des catastrophes. Chez le marchand de journaux dans le village à côté du mien, j'ai eu le mois dernier un bout de discussion avec un carreleur que je voulais faire bosser à la maison. Il était d'accord mais insistait pour travailler au noir. Je lui répondais que ce n'était pas très intéressant compte tenu de la baisse de TVA. Il n'en démordait pas. Il voulait être payé en liquide et sans facture. Un point c'est tout. *Et l'avenir, votre retraite ?* Ma remarque l'a fait sourire. Il avait une cinquantaine d'années. Sur un ton absolument neutre entre l'achat du *Républicain lorrain,* d'un ticket de loto et d'un paquet de tabac, il a lâché :

– *Il n'y a plus rien à espérer de l'avenir.*

L'avenir est imprévisible, ni programmable, ni programmé. Il n'est pas le fruit d'une fatalité, ni la vision soudaine d'un destin collectif. Il n'est pas la reproduction du présent. L'avenir a perdu toute substance. Il s'est volatilisé. On se trompe peut-être en essayant de le mettre en mot, en équation ou en programme politique. Est-ce que je suis inquiet pour Woody ? Un peu.

– *Papa, je peux jouer à la console ?*

– *Non, regarde le paysage*

– *Pfff. Je m'ennuie... On peut jouer aux capitales ?*

– *Si tu veux.*

– *Vas-y commence...*

– *Italie ?*

– *Rome*

– *Cameroun ?*

– *Quoi ? C'est quoi ce pays que je connais pas ?*

– *C'est en Afrique. La capitale c'est Yaoundé.*

– *Tu te moques de moi. Comment tu veux que je sache ça ?*

– *Maintenant tu le sais... Comment tu vois l'avenir Woody ?*

– *Il est nul ton jeu...*

– *Comment tu imagines que ce sera dans longtemps ?*

– *Attends je réfléchis... Ben j'espère qu'à Noël j'aurai la nouvelle Wii. On va où là ?*

– *Chez un copain*

– *C'est loin ?*

– *Une heure ou deux...*

Le monde sera plus sauvage. On ira visiter Mars. Le cerveau humain sera l'autre territoire à explorer. La planète se réchauffera. Les ours blancs, les tigres du Bengale, les lynx d'Espagne, les renards de Darwin auront disparu. Les usines aussi. Et les marchands de journaux. Pas les banquiers qui resteront les tauliers du système. Le rapport au temps, au travail, à la foi, va changer. J'apprendrai à Woody à se méfier de ceux qui ont trop de certitudes. Je voudrais qu'il garde humour et distance face aux événements qui ne vont pas manquer d'encombrer sa vie. Je voudrais qu'il soit armé pour résister à la connerie ambiante. Je voudrais être toujours là.

9.
Une soirée pornographique

Après le match, on repart généralement dégoûtés. C'était le cas après Metz-Red Star. L'impression de toucher le fond :

– *J'adore ce genre de soirée. Le match était minable. Les conversations dans les loges étaient chiantes. Mais je ne sais pas, il y a quelque chose, une ambiance,* a fait Ignazzio. *On a l'impression que tout s'écroule, tu ne trouves pas ?*

– *Tout quoi ?*

– *Le monde autour de nous...*

Je n'ai pas répondu. Il exagérait un peu. En quittant le stade, on a assisté à une bagarre entre supporters. Ici on a deux clubs de supporters : les Graoully de Génération Grenat plutôt apolitiques et donc à droite et la Horda Frenetik plutôt à gauche. C'était visiblement des petits gars de ces deux bandes ayant bu un peu trop de bières qui en étaient venus à se rouler par terre à coups de batte ce soir-là. Les CRS sont intervenus. Et en dix minutes, tout est rentré dans l'ordre. Sur le parking, en récupérant ma voiture, j'ai branché Claude, un de ces *hooligans* messins de Génération Grenat. À Metz, c'est plus *cheap* qu'à Manchester ou à Liverpool, mais il suffirait d'une remontée en première ligue pour que ces groupes retrouvent un peu de faste et de vigueur. Quelques-uns de ces gars-là véhiculent des idées vraiment racistes. Les autres – la majorité – sont uniquement là pour le défoulement. C'est le cas de Claude, un ancien militaire qui travaille en intérim sur des chantiers et dont la philosophie se résume ainsi : *On se fait tellement chier la semaine qu'on aime bien se défouler au stade. C'est une équipe de merde, un club de merde, un président de merde, des joueurs de merde. On est dans la merde. Alors on cogne. Tu me files une clope ?*

Ignazzio s'est marré. Quand il n'est pas au stade, mon copain enseigne la sociologie à l'université de Metz. Il étudie les signes que nous renvoie la société et cherche à les interpréter. C'est un spécialiste de l'image dans le sport mais aussi au cinéma. Et un supporter de Metz, de la Juventus de Turin et de l'équipe d'Italie. Ignazzio, le Rital, me provoque avec sa frime de mangeur de macaronis :

– *Ça fait deux ans que je dors dans un quatre étoiles,* dit-il faisant référence au maillot de la Squadra Azzura, l'équipe d'Italie, qui a gagné quatre coupes du monde et porte donc quatre étoiles sur son maillot.

Encore deux ans à supporter ses sarcasmes ! Ignazzio ne comprend pas qu'avec le sang italien qui coule dans mes veines je continue à préférer l'équipe de France :

– *Ils jouent mieux Ignazzio. Ils jouent mieux...*

Mon ami vient de Longwy. Comme la plupart des gens du Pays Haut (c'est ainsi qu'on appelle le nord de la Meurthe-et-Moselle), il a été formé à l'école de l'A.S. Nancy-Lorraine. C'est le seul supporter franchement nancéien qui soit devenu franchement messin quand il est venu vivre à Metz. Je me suis surpris à lui dire ce soir-là que je ne serais sans doute plus allé au stade pour suivre les matchs de Nationale s'il n'avait pas été là. Ignazzio a proposé qu'on aille manger des pâtes chez lui. J'ai ramené Woody à la maison. Il râlait un peu mais aussitôt sous la couette, il s'est endormi. J'ai prévenu Géraldine et suis allé chercher une bouteille de chianti à la cave. On parlait de son travail en roulant jusque chez lui. Il neigeait. Il fait de plus en plus froid l'hiver ici. Ignazzio habite à côté du musée de Metz. La toiture faite de fibre optique et de Téflon du centre Georges-Pompidou ploie dangereusement sous les chutes de neige trop abondantes. En trois années, plus d'un million et demi de visiteurs sont passés ici en moonboots comme en tongues. Mais la fréquentation baisse à mesure que les toiles de Miro, de Picasso, de Dubuffet ou de Bacon retournent à Paris. Pour nous laisser Buren ou Sol Lewitt.

Ignazzio préparait, en novembre 2012, un livre et un recueil d'articles sur l'industrie pornographique. Il le prépare toujours neuf mois plus tard. Il étudie l'évolution des vidéos porno, les dialogues, les représentations, l'influence des images véhiculées dans ces films sur la vie quotidienne.

– *Aux États-Unis, certaines études ont montré que plus tu regardais des pornos, plus tu étais insensible à la violence faite aux femmes*, expliquait Ignazzio.

– *Comment ils ont pu faire ce lien ?*

– *Grâce à une expérience de simulation de procès de viol. Les chercheurs américains ont fait visionner des films à des jurés puis ils ont comparé leurs jugements à ceux des jurés qui n'avaient pas vu de films porno.*

– *Et alors ?*

– *Ceux qui ont vu des films condamnent plus légèrement les violeurs.*

Pendant que l'eau des pâtes chauffait, j'ai glissé que les films porno rendaient peut-être plus indulgent et que c'était probablement sans rapport avec la condition des femmes. Ignazzio réfléchissait à une parade en coupant du jambon de Parme. Je pianotais en attendant sur des sites porno *trash* en accès libre. Leurs noms étaient inscrits au feutre sur un *post-it* collé à l'ordinateur. La soirée virait glauque. J'ai assez vite éteint l'ordinateur et allumé Eurosport, la rediffusion d'un match de Ligue 2. J'ai coupé le son et me suis mis à râper du parmesan. L'écran plat du salon éclairait la pièce et la table basse où on avait posé nos assiettes. D'abord la fin de Caen-Le Havre, ensuite une rediffusion sur Télé Mirabelle, une chaîne locale du câble de Metz-Red Star. On est maso. On mangeait nos pâtes à la tomate et au basilic, le regard perdu. Je pensais aux vidéos que je venais de voir et en même temps au livre que je devais rendre et sur lequel je calais. Ignazzio était dans une phase prédépressive en rapport avec ce qu'il appelait *l'inanité* de sa vie.

– *J'aurais bien aimé être journaliste sportif,* disait Ignazzio. *Pas toi ?*

– *Non*

– *Tu ne regrettes pas* Libé *?*

– *Pas vraiment. Surtout quand je vois ce que c'est devenu...*

– *Oui mais si tu n'avais pas démissionné ?*

– *Peut-être, je ne sais pas... J'ai essayé de proposer des changements. Mais les vieux étaient trop accrochés à leur pouvoir. Et puis c'est du passé...*

Ignazzio avait embrayé sur les vidéos *trash* que je venais de voir :

– *Elles sont dégueulasses, hein ?*

– *Oui...*

– Elles ne font pas partie de mon étude. Ça va vraiment trop loin. Beaucoup de ces sites sont hollandais... Ils sont dans le trip liberté totale...

Plusieurs de ses étudiants travaillaient avec lui et se tapaient des films porno à la chaîne. Il leur faisait constituer ce que les universitaires appellent un *corpus*.

– Au début, ça peut sembler excitant, mais quand tu as un regard extérieur, c'est vite barbant. C'est très conventionnel. Le plombier qui débarque, le livreur de pizza, une soirée entre amis... Il n'y a jamais rien d'intime dans la pornographie... C'est même le contraire de l'intimité...

Pour son travail sociologique, Ignazzio travaillait sur des vidéos porno *classiques*. Certains codes étaient immuables. Il avait réalisé un tableau avec les scènes les plus fréquentes. Pas seulement celles de sexes mais aussi les séquences de transition.

– J'essaie de comprendre ce que ça induit dans la société, expliquait mon ami avant d'interroger :

– Tu sais que la moyenne d'âge aujourd'hui en France pour le visionnage du premier film pornographique est de 12 ans pour un garçon et de 13 pour une fille ? Et qu'un bon tiers des garçons ont déjà vu au moins une scène porno à huit ans ? *

* Voir à ce propos les travaux du pédopsychiatre Pascal Hachet, du sociologue Michel Bozon, ainsi que l'enquête sur *La Sexualité en France*, La Découverte, 2008 ou un article du *Monde* « Le porno change-t-il les ados ? » (5/5/2012) dans lequel le pédopsychiatre Jean-Yves Hayez résume le malaise si des enfants sont trop précocement mis face à des images porno : « Ils peuvent en ressentir une angoisse soudaine, intense et durable : peur d'une possible agression contre eux, peur de ces masses de corps qui partouzent, de leurs transformations et de ce qui en sort, et ce jusqu'à la peur que leurs propres parents et leur entourage deviennent monstrueux eux aussi, des animaux sauvages, quand ils sont tout nus. »

– *On a toujours un rapport moral par rapport à la pornographie. Soit on est contre par puritanisme, soit on est pour parce que ça nous libérerait. Je cherche à objectiver...*

Ignazzio a, pour *bien finir* la soirée, proposé un pétard. Sans attendre ma réponse, il s'est mis à rouler un joint en me demandant si je connaissais James Agee.

– *Vaguement*, ai-je fait sans me souvenir d'un titre de ses livres. *C'est un journaliste qui a écrit sur l'Amérique ?*

– *Oui et ce qu'il écrit sur la crise de 29 pourrait t'aider...*

Il est allé fouiller dans sa bibliothèque et revenu avec un bouquin épais à la couverture grise avec une photo en noir et blanc montrant des ouvriers agricoles, pauvres et défaits mais au regard clair : *Louons maintenant ces grands hommes*. Après la crise de 1929, accompagné de Walker Evans, un très bon photographe, James Agee est parti en reportage en Alabama. Il y est resté plus longtemps que prévu, a écrit un long reportage qui deviendra un gros livre adulé par beaucoup d'écrivains voyageurs. Et encore plus de lecteurs. Agee a suivi le quotidien de six familles de planteurs de coton, blancs et très pauvres. À travers leurs visages et leurs vies minutieusement reconstruites, une histoire tragique de l'Amérique défile. Une face cachée faite d'horreurs, de consanguinité, de pauvreté, de renoncements, de silence, de soleil brûlant, de courage.

J'ai glissé à Ignazzio que c'était sûrement une bonne idée cette plongée en Alabama chez les forçats du coton, mais difficilement adaptable :

– *En Lorraine, on ne trouve rien d'équivalent à ces planteurs de coton*, ai-je ajouté.

– *L'idée c'est de raconter la mer dans une goutte d'eau*, a répondu Ignazzio. *À la limite, je serais toi, je me concentrerais sur un minuscule espace. Tu te prends un studio à Florange ou à Uckange et tu racontes...*

Je m'imaginais faire mon sac pour prendre la route et m'enfermer rue des Tilleuls, bloc n° 2, à trente kilomètres de chez moi :

– *La Lorraine a été à l'épicentre de la crise industrielle,* plaidait Ignazzio. *Elle a une crise d'avance sur le reste du pays. Tu devrais revenir aux racines, aux origines ouvrières...*

– *Longwy, la fermeture des puits, la radio Lorraine Cœur d'Acier, c'est vieux tout ça,* ai-je rétorqué.

– *La Lorraine est la région de France qui a le plus souffert depuis trente ans,* a réagi mon copain.

Je réfléchissais. La souffrance devrait donc être un facteur déterminant. Plus un homme, un ensemble d'hommes ou une région souffrent, plus ils seraient dignes d'intérêt. Ignazzio en tirant sur son pétard trouvait *en même temps* qu'on *habitait un coin génial* et qu'on vivait *vraiment* mieux qu'il y a trente ans.

– *Souviens-toi des années 60. Les femmes lavaient leur linge à la main. Les hommes se tuaient à l'usine*, expliquait Ignazzio.

– *Aujourd'hui elles sont caissières ou font du fitness... Tu trouves que c'est mieux ?*

– *Honnêtement oui...*

– *Mais c'était les Trente glorieuses. La croissance était là. On rêvait à un monde meilleur. Là, on est dans les Trente peureuses... On est dans le repli, la peur de l'avenir, la peur des étrangers, la haine de l'autre...*

– *Et la pornographie,* a tranché mon ami.

– *Exactement. Avant d'être une industrie masturbatoire, la pornographie est l'art de montrer ce qui est obscène. On est dans une société de plus en plus pornographique... Il y a des glissements. À force de représenter l'obscénité, on la banalise et on finit par l'admettre. Et là je te parle pas que des films de boules...*

– *Tu deviens réac,* a réagi Ignazzio.

– *Quand un ministre se réjouit d'avoir viré des wagons de Roms ou qu'un autre veut les exterminer, tu ne trouves pas ça obscène ?*

On réfléchissait en silence. Ignazzio tirait sur son pétard. Je déclinais à intervalle régulier le joint tendu. Il était hilare et inventait soudain des films porno à la chaîne avec Brice Hortefeux, Manuel Valls, Nadine Morano, Rachida Dati... Chaque nouveau nom le faisait rire aux larmes :

– *Putain pourquoi tu ne fumes pas plus ?*

– *J'aime pas trop la sensation*

– *Ça t'aiderait à écrire. Moi ça me donne des tas d'idées. Tiens, tu devrais faire un truc sur l'économie du shit.*

– *Oui, c'est ça...*

Ignazzio achète son shit à un ami qui travaille au Tribunal européen de Luxembourg. Le gars le fait venir de Maastricht (Pays-Bas). Il consacre une centaine d'euros par mois à ce dérivatif. Ils sont des dizaines de milliers ici en Lorraine entre 15 et 70 ans à faire comme lui. Il paraît que c'est plus sain de fumer que de picoler.

– *C'est médical*, assure Ignazzio.

– *Mouais...*

On était dans son salon, les pieds sur la table basse où étaient empilés les assiettes et les bouteilles vides, les journaux qu'il n'avait pas ouverts. Ignazzio repartait à l'attaque sur les vertus comparées du pavot et du whisky. Il aurait dû comprendre que ce débat m'ennuyait :

– Tu vois je suis sûr d'un truc. On est beaucoup plus nombreux à fumer aujourd'hui qu'il y a trente ans. Et le shit est de bien meilleure qualité.

Si fumer du shit aidait à écrire, j'irais vivre à Maastricht.

Je me suis endormi là-dessus. Au réveil, j'essayais de me souvenir de ce que nous nous étions dit. Ignazzio était encore plus vaseux que moi devant son café. Il voulait que je le dépose à la fac. En voiture, on a achevé une de nos conversations de la veille : *C'est cette idée de répétition, de vide à la fin du match télévisé comme à la fin du film porno, la manière dont les représentations véhiculées par ces événements nous inondent et nous conditionnent. Le vide est toujours devant nous,* a jeté Ignazzio avant de claquer la porte et de foncer vers son amphi.

Je ne sais pas si le vide était devant Ignazzio, il était en tout cas devant moi. Je ne faisais rien de bon. Mes idées étaient aussi molles que mes aspirations. Avant de retrouver mon bureau, je suis passé faire une radio. Dans la salle d'attente du centre de radiologie de Moulins, j'ai noté la promesse du jour sur l'éphéméride en attendant mon tour : *Porter un regard négatif, sceptique ou pessimiste sur le monde environnant, mettre en doute ses convictions : autant de mauvaises habitudes... Penser positivement, voir le bon côté de chaque situation, ne jamais désespérer, s'exprimer avec gentillesse : autant de bonnes habitudes.*

Qu'y avait-il de positif à imaginer son fils de huit ans en train de regarder une vidéo porno ?

10.
La finance

La réalité avance masquée. Elle n'apparaît jamais devant nous, entière, brute, nue, évidente. Quand elle paraît lumineuse au premier regard, il faut se méfier. Pour la comprendre, il faut observer, lire et relire, recouper, décrypter. Lever les voiles. C'est le boulot du journaliste que de comprendre puis de rendre compte de cette réalité. Sa fonction première dans un monde torturé et indéchiffrable. C'est un travail essentiellement solitaire. Plus le monde est indécis, obscur, confus, plus le travail du journaliste devient nécessaire. C'est un artisanat, même quand les journalistes travaillent ou chassent en meute. Si les maçons construisent des tours ou les charpentiers des toitures, les journalistes, eux, construisent des événements et rendent compte du réel. Ce boulot demande du tact, du sang-froid, de l'empathie, de la persévérance, de la curiosité, de la culture. De l'indépendance d'esprit. C'est un travail sur soi. C'est ça le plus dur. Car les médias dans lesquels ils travaillent sont généralement la propriété de groupes, d'individus ou de sociétés pour qui le décryptage du réel n'est pas une fin en soi. Mais un moyen de gagner de la paix, de l'influence ou de l'argent.

La finance – son appareillage complexe, ses petits soldats discrets et ses grands généraux – n'est jamais très loin. Elle colle au réel. Comme un double, une ombre, un fantôme. Prenez une guerre, une affaire, un fait divers, un match de football, un film, une campagne publicitaire. Prenez n'importe quoi. Et demandez-vous qui paie ? Qui est derrière le rideau ? Vous allez devoir lever vingt voiles avant de percevoir une explication, une clé. Parfois, c'est plus simple. Souvent, c'est jamais.

La finance n'est ni visible ni observable. Elle est une abstraction. Elle a longtemps été représentée par des types en bras de chemise, le téléphone vissé à l'oreille, s'énervant dans des salles de marché et par des indices occupant de plus en plus d'espace dans les pages des journaux et les flashs télé et radio. À *Libération*, le journal où j'ai commencé à écrire en 1983, l'espace consacré à la finance était nul. Zéro. Rien. Puis sont venus les indices boursiers. Les pages sociales et le courrier des lecteurs ont disparu pour laisser de l'espace à l'économie. Puis sont apparues les pages plus strictement financières. Pendant ce temps, l'espace médiatique a été bombardé de messages liés aux marchés financiers. Dettes publiques grimpantes, verdicts d'agences de notation, prévisions d'analystes. L'évolution a été la même partout. Chaque quotidien, chaque hebdo a aujourd'hui son supplément « Argent » ou « Marchés ». Le ver était dans le fruit. Les banques font partie des plus gros annonceurs de la presse. Comble de l'ironie, *Libération*, le journal de Sartre et de la gauche libertaire, est devenu la propriété d'un banquier.

La finance est un iceberg. Cent icebergs. Mille icebergs naviguant en eaux troubles qui foncent et fondent sur nous. Elle dispose d'un *back-office* immense, enfoui, à la face immergée méconnue, où d'étranges mécaniciens bricolent entre eux sans contrôle. Et d'un *front office*, une face émergée où officient des alpagueurs souriants, des guichetiers habiles et des communicants serviles. Tous sont connectés entre eux et payés pour vendre aux peuples et aux nations des rêves et des crédits. Contre du cash, des dépôts, des valeurs, des gages, des biens de consommation. Nous devons consommer pour aider la finance à muter, à se développer, à vivre. Ce n'est pas l'inverse. La finance ne nous aide en rien. La finance est un *alien* qui se nourrit du travail et de l'intelligence des hommes. La finance a besoin de nous, infiniment plus que nous avons besoin d'elle. Elle doit être en mouvement permanent pour tenir. Son carburant reste l'argent. Sa liquidité, sa concrétude. La vitrine doit être rassurante pour en amasser, le placer, le faire fructifier et ainsi continuer à alimenter la machine. Sa machine. Au besoin, la finance produit sa propre monnaie, de la monnaie de singe. Du carburant frelaté. L'économie des nations en dépend maintenant. Les banquiers ont toujours voulu gagner la partie et asseoir leur mainmise sur les affaires du monde. Mais entre le souhaiter et l'obtenir, une marge de manœuvre était laissée aux peuples et aux élus. Quels événements, quels phénomènes sont intervenus pour que cette marge diminue au point de quasi disparaître ? Quasi… L'arrivée au pouvoir, au début des années 80, de Ronald Reagan aux USA et de Margaret Thatcher au Royaume-Uni, ajoutée à celle plus méconnu de Yasuhiro Nakasone au Japon, trois conservateurs libéraux soutenus par Wall Street, a provoqué en Occident et en Asie un séisme invisible. Un chaos calme. Les effets sont venus plus tard. Ces trois-là ont fait des marchés financiers l'arbitre ultime des politiques menées dans le monde. La dérégulation a été le maître mot de ces joueurs de go. Moins de règles pour les États, plus d'espace et de liberté pour les hommes, leur argent, leur marchandise. Sur le papier, cela pouvait paraître séduisant.

Dématérialisation. Fuite en avant. Mondialisation des échanges financiers puis économiques. Sophistication des outils de transferts d'informations. Révolution informatique. Puissance des lobbies bancaires. Rapacité des hommes. Faiblesse des nations. Augmentation des dettes bancaires. Adossement de ces dettes des banques à celles des États... La finance dérive dans un océan de chiffres, de courbes, de contradictions. Les bricoleurs ont inventé en sous-main des produits à risques. Des connexions inédites. Des moyens de transmettre si rapides que les hommes ne peuvent plus suivre avec leurs yeux et leurs cerveaux. Les ordinateurs nous dépassent. Les hommes politiques au pouvoir dans ces années-là devaient se douter que ces bricolages de coulisse auraient des effets sur leur vie. Ils ont fermé les yeux. En 2008, la crise des *subprimes* – ces crédits pourris que les traders se refilaient en cascade – a réveillé les consciences. On a soudain vu des huissiers saisir des maisons un peu partout sur le sol américain et des traders pleurer devant des caméras pour expliquer qu'ils étaient allés trop loin. On avait vu s'effondrer des géants comme Enron ou des auditeurs comme Arthur Andersen. La chute de la banque Lehman Brother marquait une étape supplémentaire dans la gradation du séisme. La finance changeait d'image et de représentations. Le système pourrissait sous nos yeux incrédules. Les dominos américains se sont écroulés jusqu'ici en Europe et en France où toutes les banques ont été renflouées avec l'argent prêté par les contribuables, creusant ainsi la dette des nations. Nos dettes. Mais pas que ça. Le crime est officiellement entré dans la danse pour sauver l'apparente vertu des banquiers et des politiques.

De nombreuses banques, selon un très sérieux rapport de l'ONU paru en décembre 2009 * ont été renflouées grâce à l'argent de la drogue. Le phénomène n'est pas anodin. Il est endémique. La Wachovia, une banque de Caroline du Nord, pressée de se sortir du piège des *subprimes* et de se vendre à la Wells Fargo, la quatrième banque américaine, a confirmé avoir blanchi 378 milliards de dollars provenant des cartels mexicains. Relisez ce chiffre une seconde fois... 378 milliards de dollars **. L'amende de l'IRS, le fisc américain, a été de 160 millions de dollars. Une cacahuète. *Dans de nombreux cas, l'argent de la drogue a été la seule source de liquidités disponibles. Dans la seconde moitié de 2008, le manque d'argent a été le principal problème du système bancaire. Les prêts étaient financés par des fonds issus du commerce de la drogue. Nous avons eu des signes que des banques ont été sauvées de cette manière,* relevait Antonio Maria Costa, le haut fonctionnaire de l'ONU dans son rapport. Il n'a jamais voulu en dire davantage. *Je ne suis pas un procureur,* s'est-il défendu sous-entendant que la justice devait poursuivre le travail et que des dizaines de banques étaient impliquées, principalement en Europe. Des journalistes ont enquêté et ont découvert que tout le système bancaire était concerné. Des dizaines et des dizaines de banques. Tellement de cocaïne, tellement d'argent, tellement de banquiers compromis qu'on s'est dépêché de mettre un couvercle sur ce marigot. Depuis quatre années, personne n'en a plus trop parlé. C'était pourtant écrit dans les journaux, sur Internet. Partout. Et rien ne se passe.

* Rapport annuel sur les drogues par Antonio Maria Costa, directeur exécutif de l'Office des Nations unies contre la drogue et le crime (Unodc).

** Ce chiffre a été révélé par une enquête fouillée du journaliste Ed Vullamy dans *The Observer* le 3 avril 2011.

Si la réalité financière est difficile à percer, les acteurs de la finance et de ses dérives peuvent être démasqués. Derrière les traders, les brokers, les dealers, il y a des banquiers et leurs réseaux. Des types en costume trois-pièces qui rasent les murs aujourd'hui après avoir longtemps frimé et exhibé leurs Ferrari Testarossa. Ces banquiers sont les artisans d'une arnaque géante qui n'a pas fini de nous plomber. On nous pousse à nous endetter et à alimenter leur océan. Nous les peuples. Nous les nations. Depuis la crise des *subprimes*, les dettes publiques se sont creusées de manière abyssale. La Grèce est passée en six ans de 82 % de son PIB à 157 %. La France, de 66 % à 90 %. Même l'Allemagne est touchée, passant de 63 % à 82 %. Nous courrons après nos emprunts, sans jamais retrouver un peu de paix et de stabilité. Nous sommes condamnés à courir et à rembourser. Pour que le système perdure.

Les banquiers sont les piliers du système. Ils en seront les rois éternels ou les fossoyeurs. L'argent n'est jamais un problème pour eux. C'est comme de l'eau pour un glacier. C'est une matière première qui ne leur coûte rien. Quand on ne leur en donne pas, ils en fabriquent. Un œil partout, ils restent les plus forts. Prenons un parrain, une star de la finance. Sa figure de proue. David Rockefeller, alias Rocky, le président de la Chase Manhattan Bank. Une sorte d'ombre tutélaire planant sur les marchés financiers. Il est né en 1915 et a participé à la fondation du groupe Bilderberg, de la Trilatérale et du Concil on Foreign relations. Tous ces groupes créés au moment de la guerre froide pour lutter contre le communisme continuent à fonctionner. Leurs objets ont changé. Ils s'occupent de notre avenir en faisant prospérer le libéralisme, phagocytant médias et partis politiques. Dans ses *Mémoires* * Rockefeller concède : *Certains vont jusqu'à prétendre que nous conspirons avec d'autres capitalistes dans le monde pour construire une structure politique et économique mondiale plus intégrée, un seul monde si vous voulez. Si c'est ce dont on m'accuse je plaide coupable et j'en suis fier.* Rockefeller va encore plus loin lors d'une conférence. Il aimerait voir se créer au plus vite un gouvernement mondial. Il pense que nous sommes mûrs pour ce grand saut : *La souveraineté supranationale d'une élite intellectuelle et de banquiers mondiaux est assurément préférable à l'autodétermination nationale des siècles passés,* aurait-il énoncé à Baden-Baden en 1991, en ouverture d'une rencontre du groupe Bilderberg.

Malgré mes recherches et les nombreuses reprises de cette citation, Rockefeller ne l'a jamais confirmé, ni infirmé. Elle lui ressemble tellement. Elle aurait pu tout aussi bien être de son jeune disciple Lloyd Blankfein, le patron de Goldman Sachs, ou de John Calamos, le big boss de Northern Trust, voire de Frank Carlucci, l'ancien dirigeant de la CIA et du Carlyle Group. Sous couvert de gouvernance supranationale ou de nouvel ordre mondial, de nombreux hommes politiques de premier plan militent pour cette souveraineté bancaire et sont adeptes d'un mélange des genres inquiétant. Mitt Romney, l'ancien candidat républicain à la présidentielle US est le fondateur de Bain Capital, une société d'investissement qui a des parts dans l'armement, les pizzas, la musique, les magasins de jouets, l'énergie, l'aviation et des dizaines d'autres secteurs. Tony Blair, l'ancien Premier ministre britannique, est un conseiller assidu de la banque JP Morgan. Robert Rubbin, l'ancien secrétaire d'État au Trésor de Bill Clinton, a rapidement trouvé un job

* *Mémoires*, David Rockefeller, Éditions de Fallois, 2006.

d'administrateur de la première banque du monde : Citigroup. Gerhard Schröder, l'ancien chancelier allemand, a lui trouvé un boulot chez le russe Gazprom, en même temps que Goldman Sachs. Tous auraient pu ou ont exprimé des idées similaires. Ces propos auraient pu être tenus par tous les dirigeants de *Private Equity*, ces investisseurs qui rachètent ce qui traîne, qui fusionnent *acquisitionnent*, pénètrent le tissu économique. David Rockefeller résume une pensée, un objectif. Et à l'évidence, une méthode d'infusion et de perfusion. On place l'économie sous perfusion et on laisse infuser les hommes. Ils finissent par ramollir, par changer, par devenir plus dociles, plus obéissants. Ils finissent par accepter leur condition d'homme soumis à un ordre supérieur. Celui de l'argent.

11.
Cocaïne

Entre les décideurs et la plèbe s'est créé, au fil des ans et des rachats, un monde sans frontières où se côtoient des hommes politiques prêts à vendre leurs partis pour une place au soleil, des journalistes défroqués, d'anciens pontes de la police ou de la CIA initiés au business, des ministres à recycler, des traders au cerveau malade, des avocats fiscalistes aussi malins que cyniques, des syndicalistes fatigués. On les retrouve un peu partout dans les conseils d'administration, les cabinets d'expertises, les sociétés de conseil. Tous liés au système. Un chercheur belge, Geoffrey Geuens, les traque en étudiant les compositions croisées des conseils d'administration des sociétés dans lesquelles ils investissent. Ses livres * sont de formidables bréviaires et d'excellents outils de décryptage. *La dénonciation du capitalisme sauvage a duré le temps nécessaire à la recapitalisation des banques. Les responsables et les intellectuels dominants des puis-*

* *Tous pouvoirs confondus*, EPO, 2002, *La Finance imaginaire*, Aden, 2012. Deux ouvrages écrits et supervisés par Geoffrey Geuens de l'université de Liège.

sances occidentales l'avaient pourtant répété : l'État allait reprendre la main sur la finance et contrôler les banquiers... Sur le terrain, le capitalisme réel voit les plus grands noms de la politique internationale siéger dans les conseils d'administration des trusts et hedge funds *assimilant l'économie à un portefeuille géant d'actifs,* écrit Geuens. *Quant aux spéculateurs d'hier dénoncés pour leur cupidité et leur irresponsabilité, ils ont déjà été réinstallés par les pouvoirs publics à la tête de commissions de sages prônant une meilleure gouvernance de la finance...*

Pour parfaire et noircir encore le panorama, Roberto Saviano, le courageux écrivain italien, l'homme de *Gomorra*, mon ami lointain qui vit toujours entouré de carabiniers, explique dans son dernier livre * comment les trafiquants de cocaïne réussissent à contaminer les démocraties occidentales. Ce sujet est rarement abordé, en Europe et en France, sous l'angle des investissements. On palabre sur les minuscules saisies de drogue (quantités infinitésimales en rapport aux trafics), on débat sur la liste des dealers assassinés à Marseille ou en Corse, on passe en boucle les procès de mafieux qui se sont fait coincer, mais que sait-on des liens entre cartels mexicains aujourd'hui beaucoup plus riches, violents, solides que les cartels colombiens, avec la CIA, avec les mafias russes ou italiennes ? Comment est réinvesti l'argent de la drogue et surtout de la cocaïne dans nos économies et quels sont les effets de ces investissements sur le réel ? Saviano en exergue de son travail livre deux chiffres qui montrent l'ampleur du phénomène. Celui qui investit 1 000 euros dans une des sociétés cotées les plus rentables du monde – Apple – aurait gagné 1 600 euros en

* *ZeroZeroZero*, Naratori-Feltrinelli, 2013.

2012. Celui qui aurait investi la même somme dans le trafic de cocaïne aurait gagné 182 000 euros. Net d'impôt.

Contrairement à l'héroïne, dont les effets et la dépendance sont immédiats et empêchent rapidement tout travail et toute vie sociale, la cocaïne est une drogue désinhibante qui aide à vivre et à être performant. Elle met du temps à détruire nos fonctions neuronales. Elle conserve une bonne image et reste convoitée et accessible. C'est le meilleur investissement du monde. Les ports en Amérique du Sud, en Afrique et en Europe sont parfaitement adaptés aux passages des cargos qui font voyager cette *vitamine C*, cette farine céleste pour travailleurs rincés. Le cas de l'Afrique est intéressant car dans toutes les saisies récentes, les cargos venaient de Guinée Équatoriale, du Sénégal, du Nigeria, du Bénin, de Gambie, de Sierra Leone ou du Liberia. Ces États, pour certains des narco-États, se libèrent peu à peu du joug occidental et du pillage de leurs matières premières pour se vendre aux trafiquants de cocaïne mexicains et colombiens. Et ainsi participer au déferlement de poudre sur l'Europe. En période de crise où les banquiers manquent de liquidités, l'argent de la cocaïne est devenu une aubaine. Et une source inépuisable de profit en cash qu'il faut blanchir.

Saviano raconte que les trafiquants mexicains ont créé un *joint-venture** avec un mafieux ukrainien qui leur a fourni un sous-marin acheté à l'armée russe pour effectuer les transports de drogue. Avec l'argent récolté, l'Ukrainien, associé à la mafia locale, aurait investi à Naples dans le marché du meuble, cassant ainsi tout un pan de l'économie napolitaine en pratiquant le dumping et l'investissement à perte. À Marbella, combien de golfs et d'hôtels qui

* Coentreprise.

ne servent à rien ? Sur la Côte d'Azur ou dans les Alpes, combien d'hôtels ou de résidences renfloués à perte ? Combien de clubs de foot en Europe vivant vingt fois au-dessus de leurs moyens ? Combien de sociétés – y compris du CAC 40 – dont l'actionnariat reste trouble ? Lors de mes enquêtes au Luxembourg, deux témoins fiables m'ont raconté avec la même précision comment des camions arrivaient de nuit par l'autoroute de Thionville et vidaient leurs sacs de lires dans les coffres de certaines banques. Les banques se servaient des fonds en caution d'emprunts, pour acheter des actions ou faire des placements sur les marchés obligataires. L'un d'eux travaillait dans une de ces banques. L'autre était le chauffeur d'un des camions. Au cours de mes recherches sur le fonctionnement de Clearstream, une des informations passées inaperçues montrait que la chambre de compensation pouvait servir de prête-nom à des actionnaires anonymes. Nous avons publié un document de la chambre de commerce de Prague montrant que la firme possédait des actions en nombre de la filiale de Daewoo en Tchéquie. Qui se cachait derrière ? *Secret bancaire,* avait répondu le P.-D.G. de Clearstream. Il a bon dos le secret bancaire.

J'essaie de lever une partie du masque. J'aime les zones interlopes, ces endroits où les règles disparaissent et où les individualités se révèlent, s'affrontent. Des réseaux, des espaces, des zones d'influence, des lieux de pouvoir, des territoires apparaissent. Je gratte, je tire un fil et je retrouve souvent les mêmes hommes qui trustent, possèdent ou infiltrent les fonds de pension, les agences de notation, les chambres de compensation, mais aussi les médias et les partis politiques. Difficile de tout mettre dans mes livres. Je m'amuse à fabriquer ces liens dans mes toiles pendant des périodes d'immersion où je mets à peine le nez dehors. Je fonctionne à l'instinct grâce à mes notes, mes souvenirs, Internet. Une grande toile vaut parfois mieux qu'un long discours. L'ensemble donne une image ramifiée du monde. La finance phagocytée comme elle l'est par une économie noire porte un germe dévastateur qui a contaminé les marchés financiers. Aucun indice n'en rend compte. Ni n'en rendra jamais compte. Ces sommes gigantesques provenant des activités criminelles servent maintenant de bouée et de flux régulateur. Le marché, le commerce, le capitalisme ne peuvent plus s'en passer.

La puissance destructrice des marchés financiers est virale. Elle tient du gaz toxique. Ou du *Titanic*. On ne sait jamais vraiment d'où va venir la fuite. Le mauvais coup. La catastrophe. Les acteurs des trafics sont des électrons libres. Ils échappent à tout contrôle. Ils participent à la décomposition des démocraties. On peut s'en accommoder, s'en moquer. Je trouve ce processus de décomposition intéressant à observer. Seulement intéressant ? Peut-on l'enrayer ?

On sent bien que le pouvoir échappe pour une grande part au peuple et aux élus. Le peuple a été comme enseveli, drogué, dissous sous une chape de silence et de renoncements. Peut-on inverser la tendance ? À partir du moment où on cerne mieux les règles cachées, on peut participer à les changer. Les chances d'y arriver sont infimes. De là vient sûrement mon blocage. Et une forme de dégoût. *À force de regarder les abysses, les abysses vous regardent.* J'ai entendu cette citation de Nietzsche en épilogue d'*Esprit criminel*, la série américaine peuplée de serial killers. J'ai vu que Saviano la reprenait dans ses interviews. Je crois aux livres, aux films, à l'intelligence des lecteurs.

Chaque jour, je cochais une barre supplémentaire. J'étais le premier étonné de cette longue période où je n'avais fait que me défendre, dessiner, rêver à des livres, donner des cours de journalisme à l'université, penser à des films, en réaliser un ou deux, m'empêtrer dans un quotidien répétitif, fuir les emmerdements. Je me suis retourné la semaine dernière sur ce que j'avais lu, jeté, raté, pensé, conservé pendant trois ans. Tous ces débuts d'histoires, ces tentatives d'encerclement, cette recherche de la bonne sonorité, cet effort à fournir pour capter certains événements dans leur globalité.

En ce début de printemps 2013, le présent rattrape tout ce que j'avais prévu et imaginé. Les aveux de Cahuzac. La mauvaise mine du pouvoir. Les révélations qui pleuvent. Les listes de fraudeurs qui sortent. Celle d'Hervé Falciani et de la banque HSBC que tout le monde va bientôt redécouvrir *. Celle des journalistes américains que *Le Monde* a rachetée. Plus intéressant encore que cette *offshoreleaks* qui ne décrit au fond que du banal : dans un long papier **, le *New York Times* a révélé que les patrons de neuf des plus grandes banques de la planète se réunissaient le troisième mercredi de chaque mois dans un bureau de Manhattan pour mettre au point des stratégies communes concernant les produits dérivés. Ces paris financiers qui font la richesse des banques et la pauvreté des nations. Ce cercle très fermé, cette élite bancaire,

* Hervé Falciani est un employé français de la banque HSBC (*Hongkong and Shangai Banking Corporation*). Il a travaillé en Suisse et est parvenu à récupérer un listing de 130 000 fraudeurs appartenant à tous les pays de la Communauté européenne. Incarcéré à Madrid à la suite d'une plainte des autorités suisses pour vol et recel de secret bancaire, il a été libéré.

** *A Secretive Banking Elite Rules Trading in Derivatives,* Louise Story, *New York Times*, 10/12/2010.

aurait recréé, selon le quotidien américain, une nouvelle chambre de compensation visant à éviter les risques entre eux. Et à compenser ensemble leurs pertes hypothétiques et leurs gains. Ainsi, à l'insu des autres banques et de leurs propres salariés, les dirigeants de Goldman Sachs, Morgan Stanley, JP Morgan Chase, UBS, Deutsche Bank, Barclays, Crédit Suisse, Citigroup, Bank of America faisaient leur business dans leur coin, se réunissaient dans le plus grand secret. Louise Story, la journaliste du *New York Times* a révélé ce qu'il faut bien nommer un *complot*. C'est écrit. Noir sur blanc. Et rien ne se passe. Goldman ne s'est jamais porté aussi bien. C'est un peu comme mon histoire. Je décris par le menu un système organisé, industriel et clandestin d'effacement de transactions et de comptes cachés. Une manière sûre et *high-tech* permettant l'évasion de valeurs et de planque électronique pour prédateurs avisés. J'en fais un livre, puis deux. Un film, puis deux. Je me prends soixante procès que je finis par gagner. Et que croyez-vous qu'il advienne ? Rien. La boîte que je mets en cause continue à prospérer au cœur de l'Europe, entre Francfort et Londres, bien calée à Luxembourg. Elle publie chaque année un chiffre ahurissant * sur le montant des transactions opérées chez elle et dans la centaine de pays (dont la moitié sont des paradis fiscaux), où elle a ouvert des comptes.

L'air du dehors devient électrique. Tout ce temps passé à me demander comment y arriver. À construire ce qui, au final, ressemble trait pour trait, mot pour mot, à la chronique d'un effondrement, en même temps qu'à l'esquisse d'une possible renaissance.

* Bon an, mal an, Clearstream annonce chaque début d'année autour de onze mille milliards d'euros de valeurs conservées dans ses comptes (source Reuters ou Paperjam).

12.
Je t'aime Édouard

On prend la route pour Saint-Avold, à l'est de la Moselle et au cœur de l'ex-pays minier. La nuit n'est pas encore tombée, le château du Haut-Koenigsbourg disparaît derrière les nuages, l'air sent la barbe à papa et la glace à la vanille. Saint-Avold est un des endroits les plus déprimants que je connaisse avec Fos-sur-Mer, Maubeuge, Bruay-en-Artois, Stiring-Wendel, Farébersviler, Freyming-Merlebach, Creutzwald, Moyeuvre, Briey, Rosselange, L'Hôpital... Habiter un village qui s'appelle L'Hôpital... Certains villages perdus des Vosges où plus rien ne s'est créé depuis la fin du textile me filent également le bourdon. Pas tellement quand on y passe par une belle journée de printemps, mais quand on s'imagine y vivre par temps gris. Jour après jour. Granges-sur-Vologne et ses filatures en ruine. J'y ai passé de longs mois en 1984 à traquer les témoins des gendarmes de Bruyères. Chacun était le cousin ou le frère ou l'oncle ou la sœur de la tante d'un Villemin ou d'un Laroche qui eux-mêmes étaient cousins. Granges-sur-Vologne était un des épicentres du drame de la Vologne. On se serait cru dans un film de John Boorman. *Deliverance*, la délivrance en moins.

À Granges-sur-Vologne, l'air sentait le sapin. À Carling, il empestait l'acétone ou le navet trop cuit. Les jours de grand vent, l'odeur âcre vous prenait les narines dès l'ouverture de la porte au petit matin. Les yeux vous piquaient. Les 3 700 habitants qui y vivent ne s'en rendaient plus compte. J'y ai vécu quelques semaines pendant le montage de mes films sur Clearstream. On s'était posés là. Édouard nous avait prêté ses bureaux et son banc de montage.

Depuis que la cokerie a fermé, on ne vit ici plus qu'à l'ombre des grosses cheminées de la centrale électrique. Cinquante mètres de cylindres de béton qui bouchent le soleil. Carling est le paradis des vieux mineurs, du tiercé et de la pétrochimie. Total y produit de l'éthylène, du propylène, du méthane, du styrène que le groupe expédie avec ses pipelines dans toute l'Europe. On y fabrique aussi du plastique. Des milliers de tonnes. En juillet 2009, le cœur de l'usine a pété. La détonation a ébranlé tout le bassin. Une sorte de réplique d'AZF Toulouse en moins médiatique, en moins mortel aussi. Deux ouvriers sont morts. Il y en aurait eu cent, c'était pareil. Une enquête est en cours. La fabrication de gaz et de plastique a repris mollement. Mon copain Édouard pense qu'à terme, Total va fermer.

Édouard m'a aidé à perfectionner mes connaissances en bière et en whisky. Je l'ai initié à la finance et aux banques luxembourgeoises. Dans le canton de Saint-Avold, comme dans tout le bassin, la population picole sec. Ne pas boire est un signe de mauvaise santé. La nuit, je m'endormais chez lui avec, malgré ma résistance, jamais moins de deux grammes d'alcool par litre de sang. *On a besoin de décompresser*, justifiait Édouard. Et le matin, quand j'ouvrais la porte pour repartir au montage, cette odeur prenait la gorge, piquait les yeux. La poussière de la cokerie salissait la neige. Elle a fermé en juillet 2009. Juste avant que l'usine pète. Il reste aujourd'hui la centrale électrique, ses cheminées, sa nappe phréatique polluée. Le bruit de l'autoroute au loin. Celle qui mène à Sarrebruck. Woody est trop petit pour comprendre sinon il m'aurait braqué son pistolet sur la tempe (la réplique de l'arme qui tue les monstres dans *Men in Black 3*) : *Où tu veux Papa mais pas là-bas…*

On descend tranquillement le col qui mène à Sélestat. J'ai branché le GPS.

– *Édouard a des filles super-jolies,* je fais.

– *Combien ?* demande Woody.

– *Trois.*

– *Elles s'appellent comment ?*

Je donne leurs prénoms et lui confie qu'Édouard a une télé avec un écran géant et des tas de films en *Blu-ray.*

– *Que des films de filles !* marmonne Woody. *Je parie qu'ils n'ont même pas* Hulk.

– *Si, ils ont* Hulk *et* Batman *et* Spiderman *et les* Avengers…

Woody réfléchit.

– *De toute manière, j'ai pas envie de voir de films, j'ai envie d'aller dormir avec toi dans la montagne*

– *Mais on y était dans la montagne et il faisait froid.*

On arrive sur l'autoroute quand Woody confie :

– *Le seul film de filles que j'aime bien, c'est celui où il y a la princesse qui dort avec la sorcière.*

– La Belle au bois dormant ! je glisse…

– *Tu crois qu'ils l'ont chez ton copain ?*

– *J'en suis sûr et en plus elles sont vraiment gentilles les filles d'Édouard…*

– *C'est des vieilles ou des jeunes ?*

– *Des jeunes…*

– *Quel âge ?*

– *Cinq ans, sept ans et onze ans, ça va ?*

– *Ouais.*

J'ai emprunté des autoroutes, traversé des paysages avec des arbres verts et rassasiés, des barres HLM, des usines rouillées, des villages endormis, des cités désertes, des rues avec des tas de fumier, des forêts avec des petits lapins. La Lorraine est une des régions les plus boisées de France, juste derrière l'Alsace. 37 % de sa superficie est composée de forêts. Après la Picardie et *ex aequo* avec la Haute-Normandie, c'est aussi la région de France qui a perdu le plus d'emplois cette année. Les destructions d'emplois, on a l'habitude ici. J'ai écrit mes premiers articles pour *Libération* à Longwy en mars 1983. La dernière vraie bagarre entre CRS et sidérurgistes. Bloc contre bloc. Les boulons volaient. Les bombes lacrymogènes aussi. Rien à voir avec les émeutes de maintenant où les ouvriers en grève jouent leur prime de départ en pétant des sous-préfectures. À l'époque, les sidérurgistes croyaient à une solution collective, politique. Les mineurs aussi. Ils se battaient pour sauver leur usine et leurs emplois. Le mot *délocalisation* ne faisait pas encore partie du vocabulaire. On découvrait les *plans sociaux*. Imaginer une seconde qu'un Indien et son fils rachètent la maison Wendel aurait paru aussi saugrenu que de voir débarquer Lady Gaga dans une assemblée de nonnes. J'ai retrouvé un article de cette période. Les élus lorrains avaient voté à la quasi-unanimité une motion de rejet du Plan acier. Une manifestation rassemblant des dizaines de milliers de Lorrains était prévue à Paris. J'avais interviewé un professeur de géographie. *En 1918, la Lorraine ressemblait à l'Alsace. C'était un grand jardin vivant de l'agriculture et de ses vignes. Et puis ils sont venus avec leur idée de reconstruire la France. Ils nous ont mis leur sidérurgie. Aujourd'hui, ils nous l'enlèvent. Et nous restons sinistrés.* Le professeur expliquait que si la Lorraine réagissait si durement et si collectivement au Plan acier du gouvernement, c'était avant tout parce que *l'imaginaire était blessé.* Toute la région était derrière ses sidérurgistes. Même les curés avaient été autorisés par leurs évêques à se joindre aux défilés. Cent mille emplois seront supprimés en six ans. La perte de revenu était estimée à 25 milliards d'euros. *Il n'y a plus un seul boulon dans les usines. Ils seront tous dans nos poches. Les gros de 18, ça fait péter les casques des CRS,* menaçait un ouvrier de Gandrange. Des casques vont effectivement péter. Des gaz. Des grèves. Des manifs. Des slogans. Des bruits de bottes. Des défilés. Des réunions syndicales. Des unions. Des désunions. Des trahisons. Des promesses d'investissement. Certaines tenues, d'autres pas. Le foutu principe de réalité. Fabius. Chérèque. Mitterrand. Ma première une de *Libé.*

Quand je suis arrivé chez Édouard, il était déjà bourré. Il ne me l'a pas dit tout de suite. Je ne l'avais pas remarqué.

– *L'autoroute était complètement bouchée autour de Strasbourg*, me suis-je excusé.

– *Pas grave, j'ai eu le temps de préparer le barbecue. J'ai pas mal entamé la bouteille en t'attendant.*

Il aurait dû dire les bouteilles.

Woody part jouer avec les filles d'Édouard. J'embrasse Martine sa femme, et Georgina, une amie du couple passée boire un verre. Elle reste finalement dîner. Mon verre est déjà plein. Un bourgogne rouge. Je n'ai pas envie de boire. La maison est joyeuse. Édouard a planté des bambous autour de sa terrasse. La viande cuit doucement. Le ciel est clair. Il pleut gentiment sur le parasol.

– *On n'a plus de poussière depuis que la cokerie a fermé,* démarre mon pote.

– *Et ça sent presque bon. On se croirait sur la Côte d'Azur,* je fais.

– *Cet hiver, c'est la première fois de ma vie que j'ai vu de la neige qui reste blanche. J'ai les boules pour les cinq cents emplois perdus mais on vit quand même beaucoup mieux.*

– *Même le climat change*, glisse Georgina

– *La cokerie appartenait aux Allemands qui n'en ont eu rien à foutre de la fermer quand le prix de la tonne de coke est descendu à 50 euros. Aujourd'hui la tonne est à 1 000 euros. Ils la rouvriraient bien mais c'est trop tard... C'est vrai que le vent est chaud...*

– *C'est le vent du sud,* jettent en chœur Georgina et Martine.

– *Vous avez faim?* demande Édouard en resservant les verres.

Je pose la main sur le mien. Il sourit. Je retire la main.

Martine est expert-comptable. Elle avait un mari et un cabinet du côté de Limoges avant de rencontrer Édouard. Elle est née à Nancy.

– *Ce qui m'a surprise quand je suis arrivée sur le bassin houiller, c'est leur joie de vivre et aussi la picole. Qu'est-ce qu'ils boivent !*

– *Joie de vivre, t'es sûre ?*

– *Oui, il y a quelque chose de très fort ici dans les cafés, chez les gens. Une solidarité qui vient de la mine, je crois.*

– *Tu veux parler du canton de Saint-Avold ou de tout le bassin ?*

– *Non de tout le bassin. Ici à Carling c'est un peu particulier. On a mauvaise réputation, mais la vie n'est pas si dure qu'on l'imagine. On y est bien*, poursuit Martine.

Je fais la moue. Édouard embraie. Il est plein de fougue et défend sa ville :

– *Le maire et tout le conseil se donnent du mal pour faire bouger la ville. Va voir sur le site Carling.fr. C'est peut-être moins rupin qu'à Metz ou Nancy, mais on est une commune pauvre. Sans revenus, sans taxes foncières, comment veux-tu faire ? La gestion est honnête. Les gens s'y sentent mieux. Il n'y a pas que des vieux, j'te jure. On ira au bistrot demain, tu verras...*

Le premier mari de Martine était un ami d'enfance d'Édouard. Il s'est tué en moto. Martine a ensuite rencontré mon copain qui a su la consoler. Leur complicité a été immédiate. Édouard était cameraman et avait monté sa boîte de production. *La clé des champs : vidéo, infographie, films d'entreprise, montage et communication...* C'est ce qu'indique le prospectus. Il venait de perdre son père. Le père d'Édouard s'appelait Franz. Tout le monde l'appelait Franzy. Il a travaillé très peu de temps à la mine, a passé sa vie à livrer du charbon. Il était très costaud et commandant des pompiers volontaires de Carling. Il dirigeait aussi l'harmonie municipale. La mère d'Édouard s'appelait Catherine. Elle est morte d'un cancer le jour de Noël 1999, au moment où on démarrait le film sur Clearstream. Le père d'Édouard n'a pas supporté de finir seul. Le crabe le guettait lui aussi, mais il aurait pu tenir. Un dimanche matin du millénaire naissant, il a revêtu son bel uniforme de pompier, a choisi l'arbre le plus solide au milieu du jardin. Il s'y est attaché avec une chaîne et un cadenas avant de jeter la clé. Auparavant, il s'était aspergé d'essence. Il a craqué une allumette.

Il voulait être sûr de disparaître. Il avait prévenu ses enfants. Il ne voulait plus vivre. Il n'avait pas picolé avant de craquer l'allumette. Il était à jeun. Édouard assure qu'il avait arrêté de boire depuis sa naissance et sa cure de désintoxication de 1967. Il l'a trouvé encore en train de fumer et l'a décroché au petit matin. Il ne restait plus grand-chose de son père. Ensuite Édouard a coupé l'arbre et n'en a plus parlé. Quatorze ans plus tard, on se grille des merguez et du poulet à quelques mètres. Je me demande si je suis le seul à y penser. J'ai un feeling particulier avec les morts. Je les entends. Je ne suis pas fou. Ce n'est pas des voix que j'entends. Quand je suis en période d'écriture – un état quasi constant chez moi –, je fais parler les morts. Dans ma tête.

– *Putain laissez-moi crever. La mine est fermée. Votre mère est morte. Et je n'ai plus la force de continuer. J'ai eu une belle vie. J'ai fait de la musique, j'ai éteint des incendies géants, j'ai sauvé des types de la noyade. Je peux bien faire ce que je veux de ma putain d'existence.*

– *Mais…*

– *Il n'y a pas de mais… J'ai aimé ce travail. J'étais un bon livreur de charbon. J'en ai livré des tonnes sur mon dos du matin au soir, par tous les temps. Mais c'est fini. Le travail est fini. Mes copains claquent les uns après les autres. La mine c'est foutu. Moi aussi je suis foutu. Je n'ai plus envie d'avancer. Ni de voir le ciel. Laissez-moi crever. Il n'y a plus rien à espérer de l'avenir.*

– *Okay papa. Je te décroche. On te met en boîte, on t'enterre et on n'en parle plus.*

C'est ce qui s'est passé. Édouard n'en a plus jamais parlé. Je ne sais pas quelle tête il va faire en lisant ces lignes. Je t'aime Édouard.

13.

Georgette et Stanislas

Quand Édouard parle de sa copine Georgina, il l'appelle *la vieille*. Au début, je ne comprenais pas. La jeune femme ne semble pas s'en offusquer. Ça ressemble à un jeu entre eux. Georgina est née en 1961. Depuis la fermeture de la cokerie où elle travaillait comme comptable, elle est en *congé charbonnier*. La retraite à 45 ans. Son mari Stanislas est retraité aussi. Il est plus vieux. Il a 53 ans mais il est parti en retraite à 47 ans. Depuis qu'ils ne travaillent plus, ils s'engueulent et se sont séparés.

– Mon mari est devenu un vrai légume. C'est à cause de l'arrêt de travail. C'est là que ça a vraiment commencé à ne plus aller entre nous.

Georgina a un secret. Elle s'appelle Georgette. C'est le nom sur son passeport. Elle en a changé au moment de l'adolescence quand un prénom était un handicap pour sortir avec un garçon : *Surtout quand on n'a pas de poitrine. Il n'y a pas à dire, je suis plate comme une limande.* Elle mesure plus d'un mètre quatre-vingts. Elle est fine, musclée. Elle porte des bottes en cuir, blanches avec des franges, une robe noire très moulante, les cheveux courts et des bijoux dorés et scintillants aux oreilles, aux poignets et autour du cou. On picole gentiment le long des bambous. Nos assiettes sont pleines de salades qu'on ne finira pas. Georgina a décidé de me raconter sa vie, mais elle commence par m'interroger :

– *Et toi qu'est-ce que tu fais ? Édouard m'a dit que tu étais journaliste. Tu travailles au* Répu *?*

– *Non pas au* Répu. *Et puis j'ai un peu décroché…*

– *Alors tu fais quoi ?*

– *Je bricole. Je fais des films. J'écris des bouquins.*

– *Oui je vois, tu glandes quoi…*

– *Non, pas vraiment. Et toi ?*

– *Ben moi, je glande comme toi, je suis retraitée.*

Georgina balance cet état civil avec une grande banane. Visiblement, ce statut lui plaît. Elle et Stanislas se sont rencontrés après le lycée dans un café. Il était le fils unique d'une famille aisée de commerçants. Il avait un BEP de mécanicien. Elle venait de la Zup avec un bac G et un BTS de comptabilité. Ils ont été embauchés ensemble aux Houillères du bassin de Lorraine (HBL) à Stiring*, puis à la cokerie de Carling. Elle a travaillé *dans les bureaux*. Lui a toujours œuvré à l'atelier. Ils ont tranquillement grimpé les échelons. Il est devenu chef d'atelier avec *dix bonshommes sous ses ordres*. Elle était la secrétaire du patron et la responsable d'un service *avec cinq employés de plus*. Elle semble toujours avoir un avantage sur lui. Elle gagnait *presque* 3 000 euros par mois, lui un peu moins. Ils avaient tous deux au moins vingt-cinq ans de cokerie, quand ils ont eu droit à leurs retraites très anticipées. Ils se sont mariés en 1983. Un enfant naîtra deux ans plus tard. Il est aujourd'hui ingénieur chimiste sans emploi. D'après Georgina, il ne prend pas parti entre son père et sa mère. Il vit dans le sud

* Stiring Wendel.

de la France, cherche du travail du côté de Fos-sur-Mer. Stanislas et Georgina se sont séparés en juin 2010. Le divorce a été prononcé à sa demande à elle et à l'amiable. Stanislas lui a laissé la maison, est retourné vivre chez sa mère où il bricole ses voitures. Il a deux Porsche. C'est la seule passion qu'on lui connaisse, avec la bibine. Dès le premier mois de retraite, il serait *tombé dans la déprime*. Elle le dit avec une moue de dégoût. Dans sa bouche à elle, la dépression de son ex ressemble à une fosse à purin :

– *Je rentrais du boulot, je le retrouvais dans le fauteuil où je l'avais laissé en partant. Il n'avait envie de rien sauf de regarder la télé et de boire. Ça oui, il buvait.*

– *Quoi ?* je demande

– *Tout mais surtout de la bière et du vin. Sa vie c'était télé, tiercé, boire.*

– *Et les voitures ?*

– *Même plus.*

Stanislas, Georgina et tous les salariés des HBL peuvent remercier Gérard Longuet. Il était ministre de l'Industrie et président de la Région Lorraine quand il a acheté la paix sociale avec son Plan charbon et ses retraites de nabab. Les syndicats avaient mis le paquet. Dès l'annonce de la fermeture des puits, les *gueules noires* étaient montés à Metz avec des barres à mine et des boulons. Ils ont brûlé quelques voitures, ont fait fuir les CRS et sont rentrés dans le bassin. Ils ont vendu chèrement leur peau. La retraite à 45 ans, fallait oser. Ils sont entre sept et huit mille à bénéficier de ces *avantages* sur le bassin. Difficile d'avoir un chiffre précis. Stanislas et Georgina comme tous les jeunes retraités de HBL touchent 80 % de leurs salaires et ont interdiction d'exercer un emploi salarié. La retraite à 45 ans, tout le monde en rêve sur le papier. La réalité de l'inactivité forcée est plus compliquée à vivre : *Stan n'était pas du tout préparé à cette nouvelle vie. Il n'était pas très actif quand il bossait mais sans travail, il n'avait plus envie de rien, ne bougeait de son fauteuil que pour aller au frigo. J'avais ce spectacle en permanence sous les yeux l'année où j'ai continué à bosser alors que lui glandait.*

Georgina a fait une petite fête au bureau pour célébrer son départ avec du champagne et des cacahuètes. Stanislas n'était pas invité. Ses quinze collègues de bureau se sont cotisés pour lui offrir un tableau où on voit *la forêt derrière Carling*. Là où elle promène ses chiennes. Elle est en retraite depuis cinq ans, assure qu'elle ne s'est pas ennuyée une seconde depuis juin 2008. Elle s'occupe de ses cockers fauves. Elle les promène avec ses copines, dont une est retraitée comme elle. *Mais plus vieille, elle a 52 ans et un caniche.* Sinon, Georgina a deux hobbys qui lui prennent tout son temps : le fitness *tous les jours au moins deux heures, voire trois.* Et les séries télé : *ma préférée c'est* Desperate Housewifes.

Je suis en face d'elle, sur le tabouret. Édouard nous apporte deux coupes de crémant : *Vous verrez il est presque aussi bon que du champagne.*

Je me demande par quel bout enchaîner.

– *Je m'excuse si je suis indiscret, on ne se connaît pas et vous n'êtes pas obligée de me répondre. Mais vous devez un peu en profiter depuis votre départ en retraite...*

– *Profiter ? Pas trop... Ben le sport...*

– *Vous lisez des livres ?*

– *Pas trop.*

– *Des magazines ?*

– *Ben le* Répu *des fois.*

– *Vous allez au resto avec vos copines ?*

– *Pas trop. C'est surtout le sport et la télé. Moi ça me va comme ça.*

– *Et niveau sexe, je veux dire…*

– *Alors là rien du tout,* assure Georgina.

– *Excusez-moi mais…*

– *Votre question ne me gêne pas du tout. Mais moi le sexe, ça ne m'a jamais intéressée.*

– *Et lui ?*

– *Qui lui ?*

– *Votre mari…*

– *Ben faut lui demander mais d'après ce que je sais, c'est pareil. C'était pas notre truc.*

On continue à parler. C'est tellement déprimant que je reprends du crémant. Elle a compté qu'il lui restait au minimum *trente-trois années pour profiter de la vie*. Une cartomancienne qu'elle voit régulièrement lui a confirmé.

– *Vous posez beaucoup de questions, mais vous votre vie c'est comment ?*

– *Ben je regarde aussi* Desperate Housewifes *et j'aime bien, surtout Bree Van de Kamp. Vous lui ressemblez un peu…*

– *Là vous me faites marcher. Elle cuisine beaucoup mieux que moi…*

– *Oui c'est vrai. Et elle est rousse…*

– *Mais niveau boulot, j'ai pas très bien compris. Vous ne faites plus du tout le journaliste ?*

– *Si ça m'arrive mais je ne travaille pas dans un journal.*

– *Et ça gagne bien ?*

– *Ça va…*

– *Ça doit être drôlement bien de faire ce qu'on veut. Ça vous dirait de faire une enquête sur le trafic de chiens. J'ai une copine qui…*

– *Oui c'est un bon sujet mais je n'ai pas vraiment le temps.*

– *Moi je me méfie des journalistes.*

– *Vous avez raison.*

Georgina propose de passer chez elle voir ses chiens et ses copines *si je veux faire une enquête sérieuse.* Je ne sais plus trop comment me sortir de cette discussion. Martine qui a écouté de loin relance : *Ici, en dehors de l'alcool, les gens ont le sexe. Ça partouze beaucoup*, explique la femme d'Édouard.

Quelques minutes plus tard au salon, Édouard me montre des sites de rencontres où les mélanges franco-allemands rapprochent les générations et les cultures. *On s'emmerde tellement qu'on baise et qu'on boit.* Ça peut sembler lourd. Ça ne l'est pas. On évoque la ville et les ennuis qui guettent la population. La pollution surtout. Édouard a recueilli les confidences d'un cadre de la cokerie. Le sol de la ville serait une bombe à retardement. Les taux de benzène seraient 100 000 fois supérieurs à la norme. D'où les cancers.

– *Tu devrais lancer une enquête auprès des hôpitaux pour avoir des chiffres précis des taux de cancer,* je propose.

Édouard bâille :

– *Il y a une nappe phréatique polluée sous le sol de la cokerie qui risque de déborder et de contaminer les nappes autour. Donc il faut pomper en permanence. La cokerie le faisait quand elle tournait. Elle pompait la flotte, la dépolluait, refroidissait le coke, la re-dépolluait et la remettait dans le circuit normal.*

– *Et depuis que la cokerie est fermée ?*

– *Ben rien, ça déborde... Bois un coup, ça vaut mieux. Ici tout le monde sait que ça peut péter du jour au lendemain. Demain tu verras ma cave. Tu seras fier de moi. Le reste, on s'en fout. Ça ne sert à rien de remuer la merde. Crois-moi.*

J'ai écrit et réalisé un film en 2002. Le film s'appelle *Histoire clandestine de ma région*. J'y racontais mon retour en ville après une année de voyage. La ville c'était Metz, son maire, son *Républicain lorrain*. Un journal fait beaucoup pour l'identité d'une région. Depuis près d'un siècle, c'est le *Répu*. Édouard m'a aidé pour ce film. Il a tourné quelques scènes au conseil municipal, à la foire expo, lors de l'inauguration du *Virgin* de la rue Serpenoise. Il travaillait comme cameraman pour TF1 mais était payé par *Le Républicain lorrain*. Je lui avais conseillé de ne pas mettre son nom au générique.

Au *Républicain lorrain*, on ne m'aimait pas beaucoup. Une vieille histoire entre Marguerite Puhl-Demange, la présidente-directrice générale du journal et moi. Elle était en plus propriétaire du titre qu'elle avait hérité de son père. J'avais créé à la sortie de la fac *Santiag*, un mensuel de reportages et de bandes dessinées où je les asticotais gentiment. Leur journal était tiré à deux cent mille exemplaires. Nous à deux mille. Et on roulait les mécaniques. Un de mes copains avait entamé une série en bande dessinée dont l'héroïne s'appelait Marguerite Pue-du-manche. Ça faisait marrer beaucoup de gens. Elle, pas du tout. Son mari encore moins. Nous n'avions pas le même humour. Les journalistes du *Répu* pouffaient. L'histoire ne s'est jamais arrangée entre nous. Mon *Histoire clandestine* était critique à l'égard du journal, mais plutôt affectueuse pour sa patronne. J'aimais bien cette femme. Elle est morte l'année du tournage. Elle était de droite, bigote, autoritaire, elle donnait une âme à ce pays. Elle me faisait penser à ma grand-mère. Au lendemain de la diffusion, Édouard a été viré de la filiale du *Républicain lorrain* où il travaillait comme correspondant pour le

« treize heures » de Jean-Pierre Pernaut. J'étais ennuyé pour lui. J'avais tort. Cette éviction l'a soulagé.

– *Au moins, ça m'a poussé à me bouger et à faire des choses qui me plaisent. J'en avais ras le bol de leurs sujets de merde et de leurs tronches de raisin sec.*

Si aujourd'hui Édouard est le patron joyeux d'une cave à vins et à whiskys, c'est parce qu'un jour il a insisté pour que son nom reste au générique d'un de mes films. Mon pote est courageux et honnête. Il est intelligent. Il a calculé la quantité d'emmerdements que pourraient lui procurer des recherches plus fouillées sur ces histoires de cancer et de pollution à Carling. Il connaît les élus du coin. Il connaît les tribunaux. Il n'a pas l'énergie de se lancer dans un combat d'après lui perdu d'avance.

– *On pourrait au moins vérifier ces taux de nitrates dans le sol, je fais.*

Édouard soupire. Il a un ami ingénieur qui habite pas très loin. Il prend rendez-vous pour moi, sans me le dire tout de suite. Il a sorti un très vieux whisky. Georgina s'est endormie sur le grand fauteuil.

– *Papa, papa, on peut aller dans le jacuzzi.*

Woody n'a pas eu le temps de regarder *La Belle au bois dormant*. Il joue au pacha entre les trois filles d'Édouard et de Martine. Il finit la soirée épuisé. On est allés se coucher vers 2 heures du matin.

– *Papa, tu crois que les aigles auraient pu nous attaquer ?*

– *Non Woody pas de danger. Ils sont bien dressés.*

– *Mais dans la vraie vie ?*

– *On est dans la vraie vie Woody*

– *Mais dans la jungle ?*

– *Dans la jungle peut-être. Faut pas les déranger, c'est tout.*

– Mais si je veux protéger les souris, les aigles ils peuvent m'attaquer ?

– Dors Woody. Demain, on a du travail. On va visiter une mine.

– Papa je peux te demander encore un truc ?

– Vas-y

– Dans la vraie vie, on peut avoir trois femmes quand on sait pas laquelle choisir ?

– Ouais. Dors maintenant.

14.
Une escapade au pays de Stieg

Je ne dormais pas. Je repensais aux questions de Georgina et à la difficulté pour quelqu'un qui n'est pas dans ma tête et dans ma vie d'en comprendre le sens. Je suis toujours en train de phosphorer. C'est un état quasi permanent. Je suis toujours entre deux livres. Même quand l'entre-deux dure longtemps. Je navigue entre fiction et réel. Dès que je me mets à écrire, des événements inattendus viennent me perturber. Prenons mes résolutions du début de l'année 2011. Écrire une page par jour dès le 2 janvier. Ce matin-là, j'avais rangé mon bureau, aligné mes crayons, ouvert mon carnet de notes, allumé l'ordinateur. Je me suis confortablement assis sur ma chaise Eames. J'ai commencé par lire la presse. Une voix a soudainement traversé la maison à la vitesse d'une balle de squash, pour atterrir dans mes oreilles, fracassant les parois du casque de silence.

– *Meeeeerde, tu montes maintenant...*

J'avais promis que je réparerais le volet de la cuisine. J'avais démonté le coffre et laissé mes outils sur le plan de travail et la plaque à induction. Ce qui est assez peu pratique quand on veut cuisiner. Géraldine était furieuse.

Il fallait que je répare ce foutu volet électrique qui ne se fermait plus. Géraldine a peur des voleurs. Nous devions partir en fin de semaine pour Stockholm où j'étais invité à une émission sur Mikael Blomkvist, le journaliste héros de *Millenium* et Stieg Larsson son double dans la vraie vie. J'ai laissé en plan mon chapitre 1 et suis monté pour finir d'enlever les vis de la plaque du coffre à volet. J'ai enlevé la poussière, suivi du doigt le fil électrique sous le regard noir et incrédule de Géraldine. Et j'ai fait ce qu'elle savait que j'allais faire : j'ai appelé Jim mon voisin. Il n'avait pas le temps de passer là, mais il m'a conseillé de refermer le coffre et de ne toucher à rien. Jim me connaît. Il passera avec ses outils. Jim est un ancien mécanicien. Il réparait les bus et les camions. Je suis le seul à l'appeler Jim. Lui m'appelle *l'artiste. Ça va Jim ? Ça va l'artiste.* Jim (en réalité Jean-Marie) est un cégétiste à la retraite qui a épousé Michou, une pièce rapportée du Sud-Ouest. Ils habitent en face de chez moi. Michou fait d'excellents beignets. Jim m'initie au bricolage. Je lui parle de Villepin, de Mélenchon, de Sarkozy et des barbouzes de Clearstream. Il vante les vertus de l'anticapitalisme et de l'insurrection qui couve. Je réponds que le capitalisme c'est comme le football ou l'air qu'on respire. Il pense que je suis fou. Nous sommes d'inséparables amis. Pas un jour sans qu'on se voie quand je suis dans le coin. Je vote pour lui par procuration à chaque élection, car Jim – je ne sais pas pourquoi – prend toujours ses vacances quand il y a des élections. Je vote Besancenot ou Mélenchon au premier tour. Et Ségolène Royal ou François Hollande au second. Je vote comme lui. Mais Jim le fait avec beaucoup plus de conviction. Pour les élections locales, il ne lui viendrait pas à l'esprit de voter pour une liste classée à droite. Ni de s'abstenir. Ça nous fait des sujets de conversation, le soir sur sa terrasse.

Je ne sais pas ce que je ferais sans Jim. Parfois, on va ensemble à la déchetterie ou dans des magasins de bricolage. Un soir sur deux après ma journée de boulot, je sors boire un Picon-bière chez lui en grignotant des cacahuètes et en matant le journal de France 3. Woody vient nous emmerder pour qu'on lui fabrique un robot qui pourrait aller à l'école à sa place, ou une machine à remonter le temps. Jim dessine des plans en donnant des nouvelles du village. La dame du bout de la rue, celle qui élève une trentaine de chats, vient de perdre son mari. Cirrhose.

L'hiver 1995, pendant que j'écrivais *Pendant les affaires, les affaires continuent*, Jim vidangeait les réservoirs d'huile des camions bloqués sur l'autoroute. *Il faisait si froid que le fuel gelait,* se souvient Jim. *On travaillait 24 heures sur 24.* Depuis, on a trouvé des additifs qui font que le fuel ne gèle plus. Et le travail est moins pénible. *Comme quoi, grâce à la science, la société peut progresser.*

Woody est rentré de l'école. Woody rentre toujours de l'école avec une nouvelle idée.

– *Dis Papa, j'ai bien réfléchi. Pour le lièvre de Pâques, je voudrais qu'on commande le Playmobil pirate fantôme.*

– *T'es sûr ?*

– *Oui. On peut faire la lettre tout de suite ?*

– *Tu sais les lièvres ce n'est pas comme les Père Noël, je ne suis pas sûr qu'ils sachent lire.*

Je l'ai vu réfléchir très profondément.

– *Mais tu m'avais dit qu'ils habitaient une île avec plein de statues. Il n'y a pas de facteurs là-bas ?*

– *Si bien sûr…*

– *Les facteurs peuvent lire les lettres aux lièvres.*

– *On fera la lettre plus tard, j'ai du travail.*

– *Pas maintenant ?*

– Non j'ai du boulot. Après...

– Allez... De toute manière c'est Jean-Marie qui va réparer le volet...

– Bon d'accord

Avec Woody, j'ai beaucoup de mal à dire non. Ses sœurs et sa mère sont énervées par mon attitude. Mes efforts pour rattraper ce manque d'autorité ne durent jamais longtemps. Woody n'a pas peur de moi. Tant mieux. En ce moment, je réussis à le faire obéir grâce aux Playmobil. Je lui confisque quand il est trop chiant. Hier soir, je lui ai taxé son Playmobil dinosaure. Avec ses sœurs, j'étais moins présent. Loretta a 22 ans. Elle veut être journaliste. Est-ce que cette perspective m'ennuie ? Pas vraiment, mais je ne dis rien. Je ne cherche surtout pas à l'encourager car c'est devenu un métier à risque. Dans un récent sondage organisé par un site d'offres d'emplois américains, les journalistes sont rétrogradés à la dernière place. *Pire job du monde* devant bûcheron, militaire ou ouvrier du pétrole... *Stress élevé, salaire de misère et les journaux de papier qui vont disparaître dans dix ans*, note l'article. Scarlett, sa sœur, a 18 ans. Elle sera peut-être écrivain quand elle sera guérie. Ou peut-être qu'elle sera écrivain et ne guérira jamais. Peut-être qu'écrivain est le début d'une maladie. En janvier 2011, elle était inscrite en philosophie à la Sorbonne. Mais elle s'ennuyait et rêvait déjà de partir à New York.

Je suis un type normal. J'ai une chienne noire que je suis allé chercher à la SPA. Elle s'appelle Lilly. Elle passe son temps sous mon bureau. J'ai un chat blanc. Il s'appelle Ziggy. C'est le plus con des chats que je connaisse. Quand j'ouvre la porte de la cave, il va se cacher sous l'établi. Quand je la referme, il miaule pour rentrer.

J'ai finalement réparé le volet de la cuisine, sans l'aide de mon pote, en débloquant sa chaîne et en tripotant les touches de la commande électronique. C'est maintenant celui de mon bureau qui ne fonctionne plus. Quand j'appuie sur la position fermeture de la télécommande du volet de la cuisine, le volet de mon bureau s'ouvre. Et inversement. Je m'assois dans un fauteuil la télécommande à la main. Je monte. Je descends. C'est un problème de télescopage d'ondes radio. Comme les volets sont de tailles différentes, je joue sur une dizaine d'allers-retours pour fermer du mieux que je peux les deux volets. Cet exercice me plonge dans des abîmes de perplexité. Géraldine me demande pourquoi je travaille si tard. J'ai un peu honte de lui raconter cette histoire de volet. Je souffle que j'ai commencé un nouveau roman. Et je fais disjoncter les volets. Ils seront fermés pendant notre séjour en Suède.

Deux semaines se sont écoulées. J'ai pris des notes. C'est la première fois que je me retrouve devant l'écran l'esprit un peu tranquille. J'ai commencé à écrire mon roman. J'ai gratté quelques lignes à Niköping, dans le hall de l'aéroport de Skavsta au stylo bleu sur un carnet noir à petits carreaux. J'ai poursuivi le travail à l'hôtel. C'est l'histoire d'un homme qui se perd dans les neiges suédoises. Il a une quarantaine d'années. Il s'appelle Brenner et regarde sa femme et ses enfants soudainement comme s'il s'agissait d'inconnus. Il se force à les regarder ainsi. Au début du roman, on ne comprend pas pourquoi. Dans le bus qui l'emmène à Skavsta, en caressant les cheveux de son fils, il cherche un moyen de se sortir d'un piège qu'on devine complexe et qu'on sait angoissant.

J'ai passé trois jours de janvier 2011 à Stockholm sur les traces de Stieg Larsson, invité par un journal suédois. Ils ont cherché en Europe des équivalents à son personnage et sont tombés sur moi. J'ai emmené là-bas ma femme et mes enfants. On s'est baladés en bord de mer, on a fait du patinage, visité deux musées, mangé des gâteaux. Scarlett s'est violemment ramassée à la patinoire. Depuis, elle boite. J'ai répondu à des dizaines de questions. Toujours les mêmes. Les affaires, le pouvoir, la diffamation. La solitude du coureur de fond. La différence entre la Suède et la France.

Là-bas, une polémique enfle sur le fait que l'auteur de *Millenium* n'aurait pas écrit son roman-fleuve. Dans un petit bouquin, un compagnon de Larsson journaliste lui aussi, Kurdo Baksi, affirme que l'auteur suédois le plus vendu dans le monde était incapable d'aligner trois phrases. Selon lui, ce serait sa femme Eva Gabrielsson qui aurait écrit *Millenium*, sur un scénario détaillé de son mari. L'éditeur et la femme nient. La presse est partagée. Le bouquin de Baksi s'appelle *Mon ami Stieg*. Certains titres n'ont pas besoin de bandeau pour puer la trahison *post mortem*. Sinon, le pays est glacial, chaleureux et endormi dès 20 heures. L'alcool y est rationné.

J'avais amené avec moi un vieux bouquin de Raymond Carver *Tais-toi, je t'en prie**. Quel plaisir de relire Carver sous la neige, sous la couette, dans les bus, les halls d'hôtel, les aéroports... Longtemps que je n'avais plus senti autant d'humanité chez un écrivain. La nouvelle qui donne son titre à l'ouvrage est la dernière. Elle commence par ces

* *Tais-toi, je t'en prie*, Raymond Carver, Livre de poche, Biblio, 2004. Première édition : *Will you please be quite?* nouvelles, Paperback, 1976.

mots : *Quand Ralph Wyman quitta la maison familiale pour la première fois à l'âge de 18 ans, son père, principal de l'école élémentaire Thomas Jefferson et trompettiste dans l'orchestre du club des Elks, l'avertit que la vie était une affaire des plus sérieuses, une entreprise notoirement ardue, et néanmoins gratifiante, dans laquelle un jeune homme qui essaie de voler de ses propres ailes doit s'armer d'un grand courage et d'une vision claire de sa destinée...* Les trente pages qui suivent racontent la vie lisse de ce Ralph et de sa femme qui va, un soir où elle a un peu bu, avouer à son mari qu'elle a embrassé un de ses voisins deux ans plus tôt. Sur la bouche. Puis que ce voisin a finalement éjaculé entre ses cuisses. Sonné par l'aveu, Ralph, après une nuit d'errance, va finir par rentrer à la maison. Quand sa femme essaie de lui parler, il supplie : *Tais-toi je t'en prie.* Le génie de Carver est dans cette manière qu'il a de tout remettre en place après nous avoir fait voyager dans le crâne de ses personnages. J'aime beaucoup Stieg Larsson et j'ai dévoré *Millenium* à sa sortie, y trouvant une ressemblance avec mon parcours et mon enquête sur Clearstream. Mais pas une page de Stieg Larsson ne vaut une ligne de Raymond Carver. Je suis rentré de Stockholm avec une otite. À mon âge. Normal, je me baladais sans bonnet par moins dix.

J'ai poursuivi l'écriture de mon roman. Arrivé chez lui, mon héros s'est enfermé dans son bureau et a téléphoné à son agent traitant pour lui annoncer qu'il n'avait pas encore eu le courage de dire à sa famille qu'il partait. Je voudrais raconter l'histoire d'un journaliste menacé qui va se séparer de tous liens avec ses proches pour mener son enquête. Mon projet s'appelle *Le Paria.* Je me demande si je vais continuer. Je me demande si je suis fait pour ce boulot. Vivre pendant des mois avec des personnages. Ressentir avec eux des sentiments, leurs sentiments. Me mettre dans une nouvelle histoire inextricable. Je crois à l'écriture, ce travail solitaire qui consiste à ressasser vos idées et vos mots. Un écrivain doit penser contre le pouvoir et contre le cynisme. Quand je commence à écrire, je pars d'un personnage et d'une situation. Puis, mon personnage bouge sans moi. Et des choses se passent. Une vérité remonte à la surface sans que je sache très bien d'où elle vient. *Un écrivain doit fracasser le miroir car c'est de l'autre côté de ce miroir que la vérité nous fixe des yeux,* a écrit Harold Pinter quand on lui a remis le prix Nobel de littérature en janvier 2006.

Je repensais à Georgina et à Édouard en regardant le plafond, puis l'horloge électrique. Les gens croient qu'il suffit de glander beaucoup, d'avoir des idées, de l'inspiration ou des amis bien placés pour écrire des livres. C'est plus difficile. C'est beaucoup d'effort. Prenez un pêcheur à la mouche. Il faut savoir fabriquer une mouche, trouver la bonne plume, la bonne pâte, le bon courant, la bonne ligne, les bonnes bottes, le bon jour. Et surtout le bon geste. Cette manière de fouetter le vent et l'eau. Prenez un mineur de fond. Il faut supporter l'enfermement, la descente sous terre. Prenez un flic, il faut aimer l'ordre, être suffisamment psychologue. Prenez un peintre, un acteur, un chanteur d'opéra, un ministre, un président de parti politique, un président de la République. Prenez un footballeur, un joueur de tennis, de poker, un skieur, un nageur, un apnéiste. Prenez-les tous, alignez-les aux côtés d'Harold Pinter, de Stieg Larsson ou de Raymond Carver et posez-vous la question : qui en bave le plus ? Qui a le job le plus compliqué ? Je ne parle pas de la technicité du boulot, ni de l'accueil du public, encore moins de la difficulté de se lancer un nouveau challenge. Je parle de vivre avec cette identité, de l'exercice de ce travail au quotidien. L'écriture. Qu'on la pratique à travers le journalisme comme Stieg Larsson, le théâtre dramatique comme Harold Pinter ou l'étude minimaliste des sentiments humains comme Raymond Carver. Je parle de doute, de noirceur de l'âme humaine. De cette vis qui nous rentre dans la tête jour après jour. Je parle de ces mois, de ces années à rester planté sur une chaise à chercher, immobile, à se creuser les méninges pour un résultat des plus aléatoires. Certains jours, affairé à des tâches subalternes, le cerveau en jachère revenant de loin, je me trouve complètement à côté de la plaque à avoir choisi cette voie.

15.
Mille vies

Le 14 janvier 2011, je me suis rendu compte que j'étais loin d'avoir écrit une page par jour. Mon roman était objectivement en berne. J'avais beaucoup de mal à m'y consacrer entièrement. J'ai pris ce jour-là de nouvelles résolutions qui consistaient à régler plusieurs problèmes avant de me replonger dans la vie de Brenner.

Problème numéro un. L'ingénieur en armement. Le 3 janvier, j'ai reçu le mail suivant : *Veuillez recevoir toute ma sympathie pour votre action et mon soutien moral. Pour tout ce que vous dénoncez. Nous ne sommes effectivement plus en démocratie et l'argent gouverne tout. Ci-joint quelques documents qui peuvent vous aider à comprendre comment fonctionnent les contrats d'armement qui soutiennent les ventes du Rafale. Dites-moi ce que vous pensez de la revente à une société sud-africaine du contrat dont j'ai été le rédacteur...* Suivaient son nom, son adresse, ses numéros de téléphone en France, aux Philippines et au Koweït.

Ce genre de mail ou de lettres, j'en reçois souvent. Je suis devenu le gérant d'un bureau des pleurs et des plaintes et des affaires pourries. Les types viennent généralement vers moi quand ils sont dans la merde. J'ai droit à une gamme étendue de victimes et de laissés-pour-compte : des femmes battues, des truands repentis et sortant de prison, des maîtres chanteurs, des expropriés, des professionnels du complot, des pères ou des mères privés d'enfants, des politiques en mal de réhabilitation, des voisins râleurs possédant une arme cachée dans leur chaussette, des chanteuses d'opéra qui perdent leur voix et souhaitent écrire leur biographie, des veufs inconsolables, des riches héritières trompées par leurs maris soupçonnés d'avoir caché avec la complicité d'un dentiste un micro dans une de leurs dents, des petites filles violées par leur père, des soldats mangés par de l'uranium appauvri, des victimes de banquiers, des banquiers repentants, des stars de cinéma poursuivies par Cosa Nostra. Et donc des ingénieurs en armement. Après avoir consulté ses documents (son énorme CV, un tableau Excel bourré de colonnes et de chiffres, un protocole secret entre une entreprise implantée en France appartenant à un homme d'affaires libanais et un représentant du ministère de la Défense), je lui renvoie le mail suivant : *Bonjour, Je viens de jeter un œil. Ça a l'air intéressant. Quelle est votre idée ? Bien à vous. DR*

La boîte mail de mon ingénieur ne pouvait plus recevoir de message. Je l'ai appelé. Il était dans la région d'Orléans avec ses enfants. Il m'explique, entre deux coupures de ligne, qu'il s'est engagé dans un bras de fer avec son employeur et que son avocate vient de le lâcher. Je suis dans un endroit où le portable ne passe pas. Il est prêt à balancer des circuits de rétrocommission sur des ventes d'avions et de frégates qu'il a réalisées. *Je suis sur le point*, prévient-il, *d'expliquer ce que je sais à l'Ambassade américaine*. Sa voix est posée, mais il paraît désespéré. Je ne trouverai pas de journaliste pour travailler sur son dossier. Et même si j'en trouve, le sujet est tellement casse-gueule qu'il a neuf chances sur dix de ne pas aboutir. L'ingénieur se retrouverait dans une merde encore plus noire que celle dans laquelle il est. Je lui conseille de trouver un bon avocat. Je lui souffle un nom. Il est d'accord. J'appelle l'avocat qui est d'accord. L'affaire se fera sans moi. Ils vont négocier.

Problème numéro deux. Une lettre reçue quelques jours plus tôt. Elle est postée de Genève à mon éditeur. Elle concerne la mort d'un homme d'affaires influent : *Je possède des informations médicales de première main qui confirment le caractère très douteux du décès et le bien-fondé de la plainte déposée par la famille de ce dernier contre la clinique l'ayant accueilli pour son opération.* Le message donnait des détails sur l'hospitalisation de l'homme d'affaires et énumérait divers secrets de famille. Une enquête nouvelle ? Un livre ? J'ai répondu par mail que je ne connaissais pas ce dossier et envoyé mon interlocuteur vers un ami travaillant dans un hebdomadaire. Une heure plus tard, mon téléphone sonnait. Le gars insistait : *Dites-moi aussi où nous pourrions nous rencontrer. Tout cela fait un peu polar, mais vous savez aussi bien que moi combien la santé est un bien fragile.* Il ajoutait : *Désolé de vous prendre votre temps et de l'énergie dont vous avez grand besoin, mais, il ne me paraît pas possible de confier ce dossier à un autre.* Il se proposait de venir de Genève au plus vite.

Problème numéro trois. La maternelle de Neuilly. Le 13 mai 1993, un homme cagoulé fait irruption dans une maternelle à Neuilly armé, casqué et bardé d'explosifs. Il sera abattu deux jours plus tard par des policiers du Raid. Il est peu clair dans ses revendications, réclame cent millions de francs sans trop insister. Le maire de Neuilly, Nicolas Sarkozy, adoubé par le ministre de l'Intérieur de l'époque Charles Pasqua, prend des choses en main et fait sortir des enfants un par un. Tous les enfants sont sauvés. Des flics ont glissé dans le café du preneur d'otage des somnifères. Il s'endort, est abattu dans son sommeil. Erick Schmitt alias *Human Bomb* laisse peu de traces dans nos mémoires encombrées. La mienne retient un malaise au moment de la sortie d'un livre écrit quelques années plus tard par le policier qui a tué HB. Le livre, écrit avec l'aval de la hiérarchie policière, servira de base à un téléfilm diffusé par TF1. Un ancien directeur adjoint des Renseignements généraux m'a téléphoné. Il me donne son nom et me demande si je sais que l'affaire HB est un coup monté. Il aimerait me rencontrer.

– *Au téléphone, vous comprenez que…* dit-il

Je lui parle de preuves. Il élude et se lance dans une série d'accusations improuvables. Il parle une vingtaine de minutes. Le gars est nerveux et paranoïaque. Dans ce genre de situation, il y a toujours une chance sur cent de passer à côté d'un scandale. Je lui dis que je manque de temps. Il ne m'entend pas. Je finis par raccrocher. Deux heures plus tard, il me traite de *trouillard* et de *vendu* sur répondeur. J'efface le message.

Le lendemain, j'essaie d'écrire un peu le matin tôt en me levant. Puis je fonce à Paris pour un rendez-vous avec Jean-Louis Gergorin. Il portait ce jour-là une chapka en fourrure avec une étoile rouge. Niveau discrétion, on fait mieux. C'est la première fois que nous nous voyons depuis la fin du procès. On évoque ces cinq semaines passées côte à côte (nous étions voisins de chaise au tribunal). On peut jouer la comédie un jour ou deux. Difficile de tenir deux mois. Je suis persuadé qu'il a été manipulé beaucoup plus qu'il n'a manipulé. Il m'informe d'une résurgence de l'affaire Clearstream à Washington. Un avocat américain représentant les victimes d'un attentat a fait bloquer deux milliards d'euros appartenant à des Iraniens sur un compte Clearstream. Une page est parue dans le *Wall Street Journal*. Je lui écris en rentrant chez moi : *Cher Jean-Louis. Content de vous avoir vu vendredi. Je repensais à cette affaire* du Wall Street Journal. *Un lien m'échappe avant de lancer l'offensive. Comment les familles victimes des attentats iraniens font-elles le lien entre ce qui leur arrive et l'argent déposé à Clearstream ? Ce lien doit exister puisqu'un juge a visiblement bloqué le compte. Bonne journée.*

Il me répond le lendemain. *Cher Denis. Excusez ma réponse tardive. J'ai été un peu débordé. J'espère avoir demain la réponse à votre question et vous la donner jeudi. Je peux déjà vous dire qu'il s'agit d'une association regroupant les familles de 300 Marines victimes d'un attentat suicide du Hezbollah à Beyrouth à l'automne 2002, attentat que la justice américaine considère comme commis a l'instigation de l'Iran. À jeudi. Bien à vous. JLG*

Je ne veux plus travailler sur Clearstream. J'appelle deux ou trois amis. J'essaie de pousser l'idée d'un article sur le sujet. Ils ne me le disent pas, mais j'entends leur subconscient freiner : trop compliqué. Et casse-gueule. Dès qu'on prononce le mot *Clearstream*, tout le monde soupire. En ce sens surtout, ces enfoirés ont réussi leur coup.

Je rentre de Paris, donne un cours à la fac à des étudiants en journalisme. *Restez stoïques, curieux, indépendants. Ne croyez jamais ce qu'on vous dit. Sachez mettre en forme.* Je les aide pour les titres. La fac n'a pas de budget pour me payer normalement. À 40 euros de l'heure, c'est du sacerdoce.

Deux jours passent. Je ne parviens pas à me concentrer sur mon livre. Je suis au kiosque à journaux de la gare de Metz. Je rencontre un homme maigre aux cheveux rares, à la parka étriquée. Il me tend une main fine, blanche et ferme. Il a 54 ans et le sourire. Il est médecin légiste en Suisse et a travaillé sur la mort de l'homme d'affaires. *On l'a tué*, explique calmement mon mystérieux témoin. *J'ai beaucoup réfléchi à ce cas. Et je peux vous dire qu'on a pratiqué sur lui une destruction sélective de son muscle cardiaque.* Il n'a pas l'air fou, est très convaincant dans ses explications médicales. Il a pris le train très tôt ce matin de Genève pour venir jusque Metz me raconter son histoire. Je prends des notes et lui promets d'essayer.

Trois semaines se sont écoulées depuis mes résolutions. Et je n'ai pas vraiment avancé dans mon roman. J'y pense tous les jours. Nous sommes le 25 janvier et j'ai cassé un dernier livret Codevi pour ne pas être à découvert. J'ai coupé et rentré du bois pour la cheminée. J'ai caché le *Playmobil pirate* mais je ne sais plus où et Woody fait la gueule. Loretta m'assure que les garçons ne l'intéressent plus et qu'elle n'a pas d'histoire d'amour avec Jérôme, ni avec Benjamin et que ce n'est pas parce qu'ils dorment à la maison que je dois voir le mal partout. Je suis allé à Niort accompagner une troupe de danseurs et d'acrobates pour aider à la création d'un spectacle qui parlera d'un iceberg et de la finance. C'est d'ailleurs le titre. *L'Iceberg*. Je suis chargé de faire les décors avec mes toiles. La chorégraphe et l'équipe de danseurs sont bourrées de talent et d'énergie. J'ai pensé à Brenner. Sa vie. Son œuvre. J'ai revu Jean-Louis Gergorin et correspondu avec Jacques-Philippe Marson.

Cet homme était le P.-D.G. de la filiale titres de BNP-Paribas. Je le connais depuis 1999 et mon enquête sur la manière dont les banques françaises se protégeaient en ouvrant des centaines de comptes dans les paradis fiscaux. Il était l'ancien directeur financier de Clearstream, mais il n'avait pas accès à la comptabilité de la firme. *Des directeurs financiers qui n'ont pas accès à la finance de leur société, vous en connaissez beaucoup ?* avait demandé Marson lors d'un entretien filmé. C'était une question fondamentale. C'est ce genre de remarque, leur justesse qui forge une conviction, qui donne l'énergie d'enquêter. Je suis traversé par mille vies. Lors des *Dissimulateurs* *, nous avions filmé Marson en train de poser cette question. Il avait été très prudent ensuite quand il s'exprimait sur notre travail en public. En privé, il l'était moins. Il vient de se faire virer de BNP-Paribas. Un article du *Parisien* explique qu'il aurait trempé dans une sale affaire de mine d'or en Afrique et de commissions qui auraient dû lui être versées. Il ne les a pas touchées. Il est innocent de ce dont on l'accuse. J'en ai la conviction. Il reconnaît une erreur qui aurait dû être réglée, dit-il, en interne. J'ai passé quelques heures à essayer de comprendre son histoire. Je pense y être parvenu. Je pense qu'il a raison. Il veut que je l'aide. Je ne sais pas comment faire **.

Le 17 décembre dernier, quatre jours après avoir été licencié, Marson a perdu sa fille de 21 ans dans un accident de voiture. Il m'écrit que plus rien ne compte depuis ce jour. C'est dingue, une destinée. Un 16 décembre, vous êtes un patron heureux et respecté dans une banque importante. Le lendemain, tout s'écroule. Au procès Clearstream, Laurent

* Il s'agit du premier documentaire sur Clearstream, diffusé par Canal+ le 28 février 2001.

** Jacques-Philippe Marson obtiendra un non-lieu en décembre 2012.

Beccaria, mon éditeur, s'est souvenu que la phrase d'accroche de notre second livre sur l'affaire, *La Boîte noire*, était de Marson. La phrase était : *Votre enquête Monsieur Robert c'est la bombe atomique de la finance*. J'avais oublié qu'il me l'avait dite. Il était un témoin important. Laurent est venu le rappeler. Sans lui, jamais je n'aurais réussi à bousculer autant la multinationale et à faire virer tout son État-major. Sans lui, jamais je n'aurais mené à bien cette enquête et gagné mes procès. Maintenant, niveau bombe atomique tout est relatif.

Il me reste deux jours pour avancer sur mon livre et rattraper le temps perdu. Je suis plutôt en forme en ce début de matinée du 30 janvier 2011. Le seul souci, c'est que j'ai oublié d'éteindre mon portable et qu'il vibre avec insistance à l'autre bout de la pièce. Je finis par me lever. La galerie W qui expose mes toiles à Paris et où j'ai un atelier a un message urgent pour moi. Une dame appelée Maggie Delvaux veut me joindre. Elle a laissé son numéro. Je leur fais répéter deux fois son nom. Ils sont formels. Le souci, c'est que Maggie Delvaux est morte le 5 octobre 2004 à l'hôpital Bons-Secours de Metz. Service des grands brûlés.

La jeune femme d'origine congolaise, mais de nationalité belge, s'est immolée au cœur de Luxembourg pour protester contre l'aveuglement des autorités grand-ducales. C'est une histoire triste et compliquée. Elle avait prévenu des journalistes de son geste, s'était aspergée d'essence place d'Armes au cœur du quartier bancaire et avait craqué une allumette. Je ne suis pas persuadé qu'elle ait voulu mourir. C'était un enchaînement, une tragédie en trois actes. Le bonheur d'une famille s'installant au Luxembourg, une longue descente aux enfers. Et le blast. Son mari Olivier Delvaux, un ingénieur en mécanique belge, avait tenté d'éteindre le feu et s'était brûlé lui-même. Des photos du drame avaient circulé sur Internet. Dans les mois ayant suivi cette mort, j'avais cherché à en comprendre la mécanique. D'autant qu'Olivier Delvaux – cruauté suprême – sera poursuivi pour non-assistance à personne en danger par le parquet luxembourgeois. C'est un drame du racisme dans un gros bourg du sud du pays où la famille Delvaux – avec ses trois enfants – s'était installée. C'est aussi le résultat d'un conflit kafkaïen avec le ministère des Classes moyennes du gouvernement luxembourgeois et sa bureaucratie crasse. Cela faisait sept ans que les Delvaux avaient quitté la Belgique proche pour s'installer au Luxembourg. Olivier y avait acheté un gros garage Citroën mais il avait besoin d'un prêt bancaire et d'une autorisation de réouverture que devait lui délivrer ce fameux ministère. Sept ans de guerre et d'usure, de batailles d'avocats, de querelles au tribunal administratif, de racisme larvé. Une ruine. J'ai interrogé des amis du couple, des journalistes, tenté de joindre des fonctionnaires. Mon idée était de reconstituer avec minutie ce drame pour en cerner les ressorts cachés. J'ai proposé d'en faire un documentaire et un long article. Il me manquait des éléments pour écrire. Au prix de pressions et difficultés, Olivier Delvaux, contre le retrait de la plainte contre lui, était parvenu à un accord avec l'État luxembourgeois, sans pour autant pouvoir ouvrir son garage. Son échec profitera à la concurrence locale. Cette histoire n'a intéressé personne. *Tu t'acharnes encore sur ce pays, laisse tomber...*

Sept années s'étaient écoulées. Le dossier Maggie Delvaux, les horribles photos de l'immolation dormaient dans une chemise rose qui m'avait accompagné à la galerie W. Parfois je m'inspire de mes histoires pour en faire des toiles. J'ai appelé l'une d'elles *Je me souviens de Maggie Delvaux*. La galerie l'avait publiée et référencée sur son site. J'ai passé la journée à penser à Maggie. J'ai fini par téléphoner au numéro que m'avait donné la galerie. Une petite voix fluette au bout du fil. Ce n'était pas Maggie, mais sa fille. Elle avait huit ans au moment des faits et une mémoire intacte et douloureuse. Elle était troublée et touchée qu'on se souvienne de sa maman. Elle habitait toujours le même village avec son père, son frère et sa sœur. Le père a fini par prendre le téléphone. J'ai senti que contrairement à sa fille, il avait envie qu'on lui fiche la paix. Ce n'est pas grand-chose. Un fil si ténu. Un type hanté par une histoire en fait une toile. Sept ans après le drame, une petite fille tape le nom de sa mère sur Google et tombe sur cette toile…

Je suis traversé par mille vies. Je me suis levé ce matin avec cette idée. Je suis traversé par mille vies et je n'arrive pas à choisir. Je peux en citer quelques-unes qui m'occupent ce matin où je n'ai toujours pas pondu une ligne qui se tienne et où je relis mes notes et rencontres du mois écoulé. Maggie Delvaux. Jean-Luc Lagardère. Imad Lahoud. Jean-Louis Gergorin. Hervé Témime, mon ami et avocat, devenu le sien. Olivier Metzner. Invitation à Boëdic pour faire du bateau. L'ingénieur en armement qui balance. Iskandar Safa, intermédiaire libanais, proche des réseaux Pasqua-Marchiani. Human Bomb et le fantôme d'Erick Schmitt. Chirac et Hariri. Djouri et Proglio. Dominique de Villepin. Jérôme Monod. Revoir Bernard Bertossa dans sa retraite suisse et Baltasar Garzón à New York. DSK. Anne Sinclair. Copé et son boulot d'avocat chez Gide, Loyrette et Nouel, aux premières loges dans la fusion Suez-GDF. Albert Frère, impliqué dans le rachat de la chaîne de restauration Quick. Christine Lagarde. Jean-Claude Junker, le Premier ministre luxembourgeois. Vincent, mon frère. Steve Moreira, le basketteur de *Dunk*. Paul Netter, son mentor. Jean-Michel

Roeder, mon plus vieux copain. Ma mère. Pépé. Rémi. Marson. De vraies vies. De fausses vies. Elles me forgent. Elles me fondent. Elles me font réfléchir. Elles me rendent insomniaque. Il est 4 heures du matin. Édouard va se coucher. J'entends sa porte qui claque et des bruits de bouteille. Woody ronfle comme un bienheureux.

16.
Marguerite

Au matin, on lit le *Répu* en mangeant des croissants. Édouard a l'œil un peu terne, mais il est en forme pour un type qui s'est couché quatre heures plus tôt. À la radio, un psy s'énerve contre les chutes des aides pour la psychiatrie et le retard français. Dans l'édition locale du journal, *Plusieurs boîtes de nuit historiques* annoncent leur fermeture *à cause de la crise*. Le président du Syndicat des cafés-restaurateurs-hôteliers de Moselle se plaint : *Les discothèques souffrent énormément en centre-ville. Sans doute ont-elles mangé leur pain blanc. Les jeunes n'ont plus les moyens de s'offrir une bouteille de whisky à 70 ou 100 euros. Ils préfèrent les bars ou les soirées privées. Dans dix ans, il n'y aura pratiquement plus de cafés dans les centres-ville*. Des centres urbains sans cafés, sans cinémas, sans boîtes de nuit. Des espaces réservés à ces loisirs édifiés à l'extérieur des villes, sur des zones industrielles et commerciales, des parkings. *Kinépolis. Macumba. Le Rouge. Le Noir. Le Privé.* Les fins de semaine, les flics campent à la sortie des villes avec leur éthylotest ou vont patrouiller dans les quartiers à forte concentration ethnique : *Les agents municipaux de Woippy ont dû gérer hier une interpellation très houleuse dans le quartier du Roi. Contrôlé positif à l'alcool, un conducteur s'est rebellé en pleine rue et a appelé à l'aide. Une bande de jeunes a tenté de lui porter secours et d'empêcher son arrestation. Les policiers ont dû monter rapidement dans leur véhicule avec le mis en cause, avant d'essuyer des jets de cailloux. L'un d'eux a brisé la vitre arrière du véhicule sérigraphié.* Woippy est une cité de la banlieue de Metz dont le maire UMP, François Grosdidier, a fait de la sécurité son objectif numéro un. J'adore lire le journal et tomber sur des mots qui grattent, qui n'auraient rien à faire là. *Sérigraphié* par exemple. Au même moment à Forbach, la *Halle aux chaussures* était l'objet d'un *vol à main armée par deux individus cagoulés, gantés et vêtus de noir. Violents, les deux hommes ont menacé et frappé l'employée, lui posant le pistolet sur la tempe. Comme elle ne répondait pas assez vite à leur demande, ils n'ont pas hésité à lui mettre des coups de poing dans le visage puis un coup de crosse sur le crâne. Les voleurs ont finalement pris la fuite avec les 800 euros que contenait la caisse dans la poche de leur veste de cuir kaki.* Une veste en cuir kaki, j'ai quelques doutes. Ces deux articles font la une de la page Région.

Pendant que Woody engage une bataille de l'espace avec les filles de Martine et qu'Édouard récupère lentement sous sa douche, je continue à lire les journaux qui traînent. Je recense les coups de couteau à la sortie des boîtes, les accidents de voiture, les comas éthyliques, les drames de la pédophilie, les agressions sexuelles. Les tribunaux saturent. *Metz : agressé après une relation sexuelle. Un an de prison ferme a été prononcé hier à l'encontre d'un père de famille. Il avait blessé sans raison l'homme avec qui il venait d'avoir une relation. Les deux hommes qui ne se connaissaient pas* *s'étaient retrouvés sur un parking proche de l'île du Saulcy.* Le lieu est, selon les termes du président de l'audience : *connu des personnes qui recherchent un partenaire pour avoir des relations homosexuelles.* La relation sexuelle, apparemment consentie par les deux partenaires, se déroule sans violences ni problèmes. *Pour un motif inconnu, le prévenu, un père de famille âgé d'une trentaine d'années sort un couteau et agresse son compagnon d'un soir. La victime tente bien de lui échapper en se saisissant du couteau qu'il vient de recevoir dans le torse. Il parvient à s'extraire du véhicule, à appeler à l'aide et à contacter les secours pendant que son agresseur prend la fuite au volant de son cyclomoteur.* On mesure le pouls d'une région à ses faits divers. En Lorraine, on est dans la norme. On tue un peu, on boit beaucoup, on vole des caisses dans les *Halles aux chaussures*, on viole un peu les enfants, on traque les Roms et les Bosniaques illégaux. On voit grimper le nombre de drames qui relèvent de maladies psychiatriques. On traque, dans le Bas-Rhin juste à côté, un jeune lycéen ayant menacé, par un message posté dans un cybercafé sur un site de jeu, de passer son lycée à la sulfateuse. La police alsacienne est sur les dents. Sept cents flics mobilisés. On craint une tuerie à la mode Columbine *.

Lors de la fusillade du lycée de Columbine (Colorado) en avril 1999, Eddy Harris et Dylan Klebold, deux lycéens âgés de 17 et 18 ans, ont tué douze de leurs copains, un prof et blessé plus de vingt personnes avant de se suicider. Ils

* Le lycéen de 17 ans à l'origine de ces menaces sera arrêté le 9 juillet 2013 après que la police a passé en revue plus de mille personnes ayant acheté le même type de sweat à capuche que celui qu'il portait au moment de son appel du cybercafé. Il s'est défendu en indiquant qu'il s'agit d'une simple provocation sans volonté de passer à l'acte.

souffraient de dépression et entendaient des voix. Onze ans plus tard, même histoire à Tucson (Arizona) où Jared Lee Loughner, un schizophrène de 22 ans, a déchargé son arme dans une réunion politique tuant six personnes et blessant grièvement une députée démocrate. En juillet 2012, James Eagan Holmes, déguisé en Joker, a imité ses collègues à Aurora (Colorado) dans un cinéma qui diffusait *Batman*. Douze morts et cinquante-huit blessés. *Le Monde* explique, dans un long papier, que 10 % de la société américaine souffriraient de problèmes mentaux graves : schizophrénie, dépression majeure, psychose maniaco-dépressive. Les trois quarts de cette population ne seraient pas diagnostiquées, selon les statistiques émanant d'une association fédérale. Entre 1960 et 1990, 80 % des places ont été supprimées en hôpitaux psychiatriques. Tous les malades qui ont été lâchés dans la nature devaient être pris en charge par leurs communautés. *Mais la société s'est détournée. Les crédits n'ont pas suivi pour le logement ou les soins. Sous Ronald Reagan, des milliers de malades mentaux sont venus grossir les rangs des sans-abri. Puis des prisons*, explique la journaliste Corine Lesnes. *On attend qu'ils commettent un crime, on les met en prison, et là ils subissent de mauvais traitements,* dénonce un psychiatre. L'article relate que 64 % des détenus des prisons locales souffrent de maladies psychiques, 56 % pour les prisons d'État et 45 % dans les pénitenciers fédéraux.

Les chiffres en France et en Europe suivent la même tendance, selon l'Organisation mondiale de la santé. Les faits divers aussi. Plusieurs crimes de masse ont eu lieu récemment dans des écoles en Belgique, en Allemagne et en Scandinavie, faisant écho aux crimes de masse américains. Même si la France est épargnée pour l'instant par ces drames de la folie devenue ordinaire, plusieurs faits divers – des infirmières poignardées en HP, des badauds poussés au passage de trains, des suicides, des parricides – sont le fait de poussées délirantes de schizophrènes en mal de traitement. La langue française est la seule qui décrit le premier stade de cette maladie mentale par la juxtaposition de « bouffée » et de « délirante ». On entend des voix. Elles nous parlent, nous donnent des ordres. Nous sommes les seuls à les entendre. Exactement ce qui s'est passé à Columbine, à Aurora ou à Tucson. La psychiatrie est dans un sale état. Le nombre de lits en hôpital diminue en France. La qualité des soins se détériore. Les subventions pour ces secteurs sont en baisse. Les prisons françaises débordent de malades non soignés. Les infirmiers fatiguent. De plus en plus de jeunes gens souffrent de maladies mentales, surtout dans la rue chez les SDF, où 30 % seraient diagnostiqués psychotiques ou dépressifs profonds, d'après les études du Samu social. Le cannabis est souvent un élément déclencheur de crise. L'alcool aussi, mais moins.

Édouard est de retour. Il me demande ce que je lis.

– *Un papier du* Monde *sur la comparaison entre psychiatrie aux USA et en France…*

À ses yeux, je comprends qu'il se demande si je suis sain de corps et d'esprit pour me taper ce genre de plan au réveil.

– *Et alors ?* s'inquiète Édouard.

– *Alors on est mal barré…*

– *Je préfère lire le* Répu. *Ça va plus vite,* glisse Édouard, en s'asseyant à l'avant de la voiture et ouvrant le journal.

Je démarre.

Malgré la chute des ventes, l'avènement du Web, la refonte de la maquette, les faits divers occupent toujours autant de place dans le *Répu* qui reste un métronome ici.

Il est plus sec, moins partisan, moins moraliste que sous le long règne de la famille Puhl-Demange. Moins énervant, moins vivant aussi.

Le *Répu* et Marguerite Puhl-Demange ont toujours été du côté du bien. C'était le sens de ses chroniques chaque matin de Noël. Elle ne bossait pas lourd comme éditorialiste. Un édito le 25 décembre, un autre à Pâques. Point final. *La famille c'est bien, le divorce c'est mal. La musique classique c'est bien, le rock c'est mal. La Joconde c'est bien, Picasso c'est mal. De Gaulle et Pompidou c'est bien, Marchais c'est mal et Mitterrand pas terrible.* J'avais fait son portrait dans *Libération*. Le 15 décembre 1983, dans la rubrique *Tête d'affiche* : *Mamie Media, la dame de fer de la Lorraine*. Je comparais Marguerite à Maggy Thatcher. J'avais tort, elle était moins vache que la vieille carne british : *Malgré quelques kilos de plus, la ressemblance avec la première dame d'Angleterre n'est pas seulement physique. Mère poule et dame de fer, Marguerite a deux visages et une passion : la presse. Dirigeant sa rédaction comme un village, elle a inventé un nouveau style de management : le maternalisme.* J'évoquais déjà la chute des ventes du journal. Les ventes n'ont jamais cessé de baisser. Cet article ne me sera pas pardonné. Son mari avait appelé à la maison pour m'engueuler. Ça prouve qu'il aimait sa femme. L'histoire ne s'est jamais arrangée entre nous.

Outre un quotidien régional de cent cinquante pages toutes éditions confondues – il y en avait alors vingt-deux –, Marguerite dirigeait une société de publicité, une radio locale, une maison d'édition, une imprimerie, une agence de voyages. Ce qui représentait un millier emplois. Et trente-cinq millions d'euros de chiffre d'affaires. Elle faisait aussi danser tout ce que la région comptait d'hommes politiques. Sans le soutien ou la mansuétude du *Répu*, difficile de gagner une élection. Le Crédit mutuel vient de racheter l'entreprise et ses salariés pour un peu plus de cinq fois la somme. Comme c'était les soldes et qu'elle aimait les achats groupés, la banque a aussi acheté le journal de Nancy, *L'Est républicain*. En six ans, le Crédit mutuel a acheté une dizaine de quotidiens régionaux. Son bassin de diffusion va des Ardennes à la Provence et dépasse un million deux cent mille lecteurs quotidiens. À chaque rachat, on vire les vieux en leur donnant une prime de départ qu'ils sont bien contents de toucher. On embauche des jeunes qu'on paie deux ou trois fois moins pour le même job multiplié par deux ou trois. Car les nouveaux journalistes, en plus de gratter leurs papiers, doivent aussi apprendre à faire des photos et à se servir d'une caméra. Il n'y a plus de cellule Grands Reportages. Le journal est moins polarisé sur la gauche, la droite, le bien, le mal. Les nouveaux dirigeants veulent des *news*, du *digest*, de l'efficacité. Des travailleurs médiatiques qui rendent compte du réel sans états d'âme. Tout a été réorganisé. Une quinzaine d'agences locales ont disparu. On a regroupé des petites villes ensemble. Ici à Metz, on lit les infos de Moyeuvre ou d'Hagondange. Économie d'échelle. Le journal s'ouvre sur des pages France, les pages Région sont moins fournies, les locales sont bourrées d'infos inutiles pour ceux qui n'habitent pas le coin. Ils ne savent pas encore comment fabriquer un webjournal. Ils se doutent que l'avenir est là mais ils n'ont pas la solution pour sauver le papier tout en développant le Net. Alors, ils tergiversent.

Le *Répu* du Crédit mutuel doit être rentable. L'identité régionale, la survie de la sidérurgie, la nostalgie minière, le club de foot, les avis mortuaires, les horaires des pharmacies sont des moyens de conserver des lecteurs. Donc des annonceurs. Pour en gagner, c'est une autre histoire. Personne n'a de solution. Le Web grignote l'espace. Le nouveau boss est le patron du Crédit mutuel, Michel Lucas. Un Breton de 72 ans qui partage avec Nicolas Sarkozy, une valeur commune : *L'envie de bousculer les habitudes*. Je lis les maigres articles que je trouve sur lui. Pourquoi ce banquier a-t-il dépensé huit cents millions d'euros pour ces titres qui perdent de l'argent chaque année ? Un banquier ne fait jamais rien pour perdre de l'argent. *Il avait en tête de regrouper tous ses journaux en un seul titre et de dégraisser, mais il va avoir du mal. On commence à s'organiser...* J'écoute un ami journaliste se plaindre. J'aimerais pleurer avec lui sur le sort de la presse quotidienne régionale libre et indépendante. J'ai un peu de mal. Je prends des nouvelles des retraités. Ceux qui rasaient les murs quand ils me croisaient en ville de peur que Marguerite les voie me serrer la main. Certains font des voyages pour trouver le soleil en Crête, jouer au tennis et mourir d'un infarctus. D'autres se sont acheté des vans et se mettent à Internet. Certains picolent et continuent à aller voir le FC Metz en tribune de presse. La plupart se vivent comme les survivants d'un ancien monde. Ils regardent le nouveau avec un brin d'effarement. Ils s'ennuient et ressassent. Ils en viennent souvent à regretter la patronne. Ah Marguerite, si tu savais...

Elle les engueulait pour des fautes d'orthographe. Elle les alignait en file indienne devant son bureau pour leur dire sa façon de penser. Elle organisait d'interminables réunions pour ses œuvres de bienfaisance. Elle trouvait vulgaires les hommes politiques sans cravate. Elle adorait Hervé Bazin et François Nourissier. Elle était la patronne, le *caporal* à l'image des barons de la sidérurgie. Avec ses bonnes œuvres, ses primes à Noël, les places gratuites au foot ou au ciné, ses déjeuners avec le maire de Metz et l'évêque, la messe du dimanche, ses éditos où la chaleur de la famille devenait *le dernier rempart face à la violence du monde*. Aujourd'hui, à la place de l'édito de Marguerite, les salariés seront contents quand ils verront la pub pour la dernière console Nintendo. Les lecteurs, un peu moins. Et encore, pas sûr. Dans cette grande région industrieuse entre Sarre et Luxembourg, les patrons nous nourrissaient, les mines regorgeaient de fer et de charbon. Les hauts fourneaux ressemblaient à de gros Monte Christo qui enveloppaient les cités d'une fumée anesthésiante. Le *Répu* donnait le ton. L'avenir n'est plus balisé. Même le *Répu* pourrait disparaître. Il aura fallu trente ans pour en arriver là. Le patron du Crédit mutuel, dans un accès de colère devant les faibles résultats de son journal et le manque d'entrain de ses journalistes, a annoncé qu'il allait les vendre. Tous. Il a fait cette promesse deux ans plus tôt. Lucas avait même annoncé qu'il cherchait un nouveau secteur pour investir. Rien ne s'est passé depuis. C'était une blague.

Sous le règne de Marguerite, jamais une ligne n'a été écrite sur mes livres. Quand un de mes films était diffusé, mon nom était effacé des programmes télé. Je n'en garde aucune amertume. Sous sa poigne de fer, les chefs et les sous-chefs avaient tellement peur de ne pas plaire qu'ils devançaient ses désirs. J'ai été pendant vingt ans abonné à ce journal. Quand j'ai quitté *Libération*, j'ai demandé à arrêter l'abonnement. Sans succès. J'ai réitéré cette demande, un an plus tard, quand je suis revenu vivre à Metz. Puis l'année suivante. Le journal arrivait tous les matins dans ma boîte sans que je le demande. Je l'ouvrais machinalement, lisais la météo, l'actualité du FC Metz et le programme des cinémas.

Après la mort de Marguerite, j'ai appris que la patronne avait donné l'ordre de continuer à m'envoyer son journal. Gratuitement. Histoire de m'imposer chaque jour sa lecture. C'était malin.

Chaque journaliste a sa façon d'écrire le monde. Cette façon dépend de l'environnement qui l'héberge, du patron qui le paie. Le *Répu* était le journal de la famille Puhl-Demange qui avait su résister à l'invasion allemande, avait mis Jean-Marie Rausch à la tête de la ville de Metz, militait pour les mineurs et les sidérurgistes, contre Mitterrand, Laurent Fabius, son Plan acier et les communistes. C'était un journal engagé qui s'est peu à peu fait manger par ses annonceurs. Les journalistes qui débarquent au *Répu* aujourd'hui dépendent d'un rédacteur en chef qui dépend d'un banquier qui dépend des marchés financiers. Quand Marguerite est morte, ses enfants et son mari n'avaient plus la fibre. Ils ont vendu ce patrimoine pour une bouchée de caviar. La banque a fait le ménage. Elle a passé l'aspirateur, la balayette, nettoyé les vitres, briqué les chiottes, installé des caméras, rationalisé les coûts, repassé l'aspirateur, la balayette. Pas la queue d'une idée nouvelle. Le *Répu* passe quotidiennement de la pub pour le Crédit mutuel. Un jour, ses crédits voitures ; le lendemain, ses contrats d'assurance. Puis, ses crédits vacances. Puis, les meilleures agences du mois. Le septième jour, ses plans épargne. Et on repart pour une nouvelle semaine. Ce fonctionnement semble suffisant à son repreneur. Pour lui, un bon journaliste est un élément du décor.

Après l'annonce du rachat, un ami m'a prévenu qu'une vieille Jaguar appartenant à la famille Puhl-Demange était en rade dans le garage du journal. Soixante mille bornes au compteur, le prix d'une Clio. Pour mon copain Jim, c'était l'affaire de la décennie. Elle avait été achetée par le *Répu* pour l'usage exclusif du fils de la patronne. Il fallait s'en débarrasser avant que les nouveaux propriétaires ou le fisc ne mettent la main dessus. C'est ma voiture aujourd'hui. Jim est allé l'acheter en son nom parce que, avec le mien, ça n'aurait jamais marché. On a changé les pneus et la carte grise. Et je peux frimer en allant acheter le journal ou de la bière à *Lidl*. Quand je mets le contact comme ce matin pour aller visiter la cave d'Édouard, je pense à Marguerite. À la tête qu'elle doit faire en me voyant pousser sur la boîte automatique entre Carling et Stiring. J'espère qu'elle sourit mais je n'en suis pas sûr.

17.
Georges Lang est vivant

Woody n'avait pas très envie d'y aller. Mais bon. Édouard m'aurait arraché les yeux si je n'étais pas allé visiter sa cave. L'endroit s'appelle *La rue du vin* et tient davantage du palace que de la cave. C'est clinquant, neuf et bien rangé. Des milliers de bouteilles rutilantes. Une rue par région viticole. La rue de Provence, la rue de Bourgogne, d'Alsace… Et une avenue de whiskys et d'alcools forts à droite en entrant dans la boutique. Deux cents bouteilles exposées dans leur écrin. Un malt écossais vieux de cinquante ans, une fiole de whisky japonais couverte d'un rubis, des bourbons du Kentucky, des alcools blancs dans leurs coffres en bois. Édouard est le patron du whisky et du bar, Fred s'occupe du vin. Ils sont sept à travailler ici. Le chiffre d'affaires frise le million d'euros. Beaucoup de ventes par Internet à des clients étrangers. Sur sa carte de visite, Édouard a maintenant placé *caviste* avant *cameraman*. À peine debout, chaque matin, il tartine des toasts de foie gras. Il est 10 h 30. L'heure de goûter un chassagne-montrachet. Je trempe les lèvres et commande un Coca light. Édouard fait la moue :

– *Pour une fois que tu viens…*

– Il me reste un point sur le permis je te rappelle…

Cette cave est au départ l'histoire de Martine et d'Édouard. Elle avait des économies. Il rêvait d'Écosse. Ils sont allés là-bas étudier l'art de la tourbe et de la distillerie. Ils sont revenus avec des idées et des adresses. Ils ont repris un entrepôt sur la zone industrielle entre un soldeur de moquettes et un garage. Ils l'ont réaménagé, ont fait de la publicité, ont ameuté les copains. Édouard a commencé à aligner sur une étagère des bouteilles rapportées d'Écosse devant des militaires américains basés de l'autre côté de la frontière en Allemagne. Les Américains ont goûté et acheté par caisse de six. Fred a potassé ce qui sortait sur la viticulture et l'œnologie. Ils étaient fatigués du journalisme. Ils continuent à produire quelques films pour des entreprises mais passent leurs journées à la cave. Après cinq années de constante augmentation, ils viennent d'investir un nouveau lieu encore plus près de la frontière allemande. Dès qu'ils dépasseront le million d'euros, ils ouvriront un restaurant juste à côté.

Quand Édouard a démarré, le whisky représentait 1 % du chiffre. Aujourd'hui, il dépasse 15 %. On vient de partout pour lui acheter des bouteilles. Son premier whisky coûte 42 euros.

– Qui t'achète ça ?

– Tout le monde, assure Édouard. *Mais surtout les Allemands, ceux qui viennent en Mercedes…*

– Et les mineurs à la retraite ?

– Eux en achètent aussi en plus de leur cubi de Minervois. Je leur fais un prix.

Édouard est confiant en l'avenir. Son futur ne le désespère pas.

Woody tourne en rond et décore les étiquettes de la rue de Bordeaux avec des loups-garous au feutre rouge. Je propose une promenade. On file vers Petite-Rosselle et son musée de la mine. Il fait un soleil de plomb.

– *Papa tu me promets que ce sera bien sinon je retourne jouer avec les filles*, souffle Woody en sortant de la voiture.

Je promets.

On entre dans un petit bureau où contre 10 euros, une hôtesse nous remet deux tickets. On peut acheter des tee-shirts avec des mineurs au travail, des porte-clés avec des petites lampes de mineurs, d'autres en forme de morceau de charbon, des tasses avec marquées dessus le *Gluck auf* que se lançaient les mineurs avant de descendre au fond. *Salut et bonne chance*. On peut aussi acheter des blousons, des casquettes, des polos, des chaussettes, des bonnets, des nappes, des serviettes, des protège-cahiers, des stylos, des posters. Tout sent le neuf, le marketing et le travail des communicants. Il y a des livres avec des images de mineurs en sueur et de Lorrains au travail. Des livres d'historiens et de photographes. Des DVD retraçant l'histoire de la mine et du musée. Le magasin du musée empeste le vernis, la cellophane, le plastique, le propre. Il ne sent pas le charbon, ni le travail des hommes.

On rejoint un groupe de touristes hollandais et on monte dans un petit train, le modèle identique à celui que prenaient les mineurs avant de descendre au fond. Des wagons fraîchement repeints, ouverts au vent.

– *Wouaou papa c'est super, on va faire comme dans Indiana Jones ?*

– *Pas vraiment.*

Le train roule quelques centaines de mètres au milieu d'entrepôts défoncés, de bus calcinés et de pelles mécaniques rouillées. Un décor de film postapocalyptique censé symboliser la faillite de la Lorraine travailleuse. Le conducteur du train est un vieux monsieur avec un jean monté jusqu'à la poitrine et un énorme ventre. Son job consiste à conduire les touristes jusqu'à l'entrée du musée de la mine. Là, un autre mineur à la retraite avec le même jean porté très haut nous prend en charge en expliquant que le musée a été inauguré en 2006 et que « cinq mille gars » travaillaient ici avant.

On fonce vers l'ascenseur. Woody n'est pas rassuré. L'ascenseur simule une descente de plus de mille mètres. On entend les voix des mineurs. On voit défiler des photos noir et blanc. Des fantômes en sueur et en suie. Arrivés au fond, la moiteur de l'air est calculée selon les usages miniers. On se tape toute la chaîne d'extraction de charbon avec photos, vidéos, reconstitution de galeries, de broyeuses, de haveuses, d'extractrices. À chaque étape, un retraité démarre une leçon de choses. *Ici il faut s'imaginer une température de 30 degrés avec de l'eau jusqu'aux genoux, le bruit des machines, les hommes qui gueulaient... Il faut que vous pensiez à la peur de ces hommes, au coup de grisou... Ce qui nous a foutus dedans, c'est ces machines. Celle-là fait le travail de quatre bonshommes. Dès qu'il y a eu les machines, on a su que c'était foutu.*

Woody est déçu. Les galeries reconstituées manquent de sensations fortes, de pirouettes et de squelettes. Même pas un petit fantôme pour nous foutre la trouille. On finit la visite au pas de course. Woody est aussi pressé que moi de fuir le musée. On y célèbre un passé déifié. L'avenir du bassin houiller est enterré à jamais dans ce cercueil en plastique rouge. C'est mortifère et angoissant.

Il reste quelques heures avant de retourner à Carling. On traverse Petite-Rosselle. Je cherche, sans le dire à Woody, la maison de mon vieil ami René Taesch. L'auteur de *Rue des* *singes*. Le photographe de *Portrait de groupe avant démolition* *. Son père était mineur, lui y a échappé. René habitait un quartier en pente où chaque maison de part et d'autre de la rue était construite d'une manière identique, avec une porte en bois, trois marches d'escalier, un volet de cave en fer et une petite fenêtre donnant sur la rue. Toutes ces maisons appartenaient à des mineurs. Les Houillères du bassin de Lorraine (HBL) offraient le charbon pour le poêle et s'occupaient du bien-être de tous en payant l'école, la mutuelle de santé et les transports. Les femmes balayaient en discutant avec les voisines, les enfants se fabriquaient des carrioles et descendaient la rue à toute blinde. Les mineurs rentraient du boulot et se grillaient une dernière clope qui brillait dans la nuit, les filles jouaient à la marelle, les ados astiquaient leurs mobs. Mon copain René avait baptisé sa rue ainsi car tout le monde imitait tout le monde. On se ressemblait. On se toisait. *Si le singe imite l'homme, ici les gens se singent entre eux*, disait René. Mêmes coupes de cheveux à la *klatskopf* pour les enfants, mêmes tabliers pour les mamans, mêmes marques de bière, de vin, de sucre, de café, de tabac. Je marche dans Petite-Rosselle avec Woody en demandant si quelqu'un connaît cette rue. J'ai oublié qu'elle s'appelle la rue Huber. Je me dis que la mère de René doit encore y vivre. Personne ne se souvient. Beaucoup de mineurs de cette époque sont morts, d'autres sont partis vers le sud. Les plus jeunes ont investi leurs primes de départ dans la rénovation de maisons dans des quartiers mieux fréquentés. Entre quelques rues à l'abandon, les petites villas fleurissent presque toutes marquées *Sam suffit*. Le *Castorama* du coin a dû faire une promo sur le fer forgé. Le gazon y est bien

* *Rue des Singes*, Éditions Florent Massot, 2007. *Portrait de groupe avant démolition*, Stock, 1997.

taillé. Woody compte les nains de jardin. Depuis la fermeture des mines, le travail et l'avenir sont ailleurs. Seuls les retraités ont le sourire. On semble ici vivre arrêtés.

Un type me voit traîner et m'aborde

– *Je vous connais, vous êtes journaliste…*

On engage une conversation sur la région. Il me dit que l'ancienne rue de René est inaccessible en ce moment à cause des affaissements miniers. Le phénomène s'est répandu en Lorraine où près de cent mille kilomètres de galerie torpillent le sol. Dans des dizaines de villages où étaient implantées des mines de charbon ou de fer, des associations de victimes se battent pour obtenir des indemnisations. Depuis que les mines ont fermé, des maisons se lézardent, des rues s'affaissent, des sentiers en forêts deviennent des gouffres. C'est le lent travail de la terre. Sa vengeance. Il veut m'emmener en forêt et me montrer des crevasses profondes de plusieurs mètres. Woody est d'accord. On le suit jusque Cocheren.

– *Celle-là s'est creusée cette nuit,* dit-il en y jetant une pierre, *elle fait six ou sept mètres. Cette terre, c'est du gruyère. Bientôt, nos maisons seront attaquées.*

Il a préparé des photocopies avec des schémas, le texte d'une pétition. Il a 69 ans, porte un jogging Puma acheté dans un magasin d'usine, des lunettes accrochées à une chaîne en métal doré, a travaillé en dessous, dans un puits de mine à fabriquer des armatures en bois et en fer pour que passent les haveuses. Il mène cette lutte pour ses enfants qui, *de toute manière,* dit-il, *vont quitter le coin.* Je ne relève pas le paradoxe. Il lutte par automatisme parce que, dit-il, *c'est injuste.* Ses adversaires sont les Houillères du bassin de Lorraine, Charbonnages de France et l'État. Charbonnages a été dissous, les Houillères ont disparu. L'État ne répond plus. Je surveille Woody de peur qu'il ne tombe dans la crevasse. Il est très impressionné. Il demande s'il y a des bêtes au fond et s'inquiète de la suite de notre voyage.

On file vers Carling dire au revoir aux filles et à Martine et récupérer nos affaires. Avant j'ai promis à Édouard d'aller voir un de ses amis ingénieurs. On passe devant la maison de la mère de Stanislas, son ex-mari. Je pourrais aller frapper à sa porte, histoire de vérifier si la retraite à 45 ans fait autant de dégâts que le dit Georgina. Un rideau bouge. J'hésite. Pourquoi emmerder ce type ?

– *Qu'est-ce qu'on fait papa ?*

– *Rien je pensais revoir un copain.*

– *Quel copain ?*

– *Personne, il n'est pas là.*

Je fais demi-tour en écoutant une rediffusion de Georges Lang sur RTL. Il repasse un vieux Led Zeppelin. Voilà la meilleure nouvelle de la semaine. Georges Lang est vivant et il repasse Led Zep. Le temps s'est arrêté dans les années 70. Je vais aller chez le disquaire acheter le dernier David Bowie et on ira voir *Frenzy*, le dernier film d'Alfred Hitchcock au cinéma. Sinon, en y repensant, je suis persuadé que Georgina m'a raconté des salades concernant sa vie amoureuse. Mais on s'en fout.

18.
Rhizomes

On est tous nés quelque part. Une terre crevassée, un territoire avec des hauts fourneaux rouillés, des histoires d'enfance. On connaît les gens et les distances, le nom des arbres qui y poussent et des joueurs du club de foot. On se dit que c'est déjà ça de pris par rapport à ceux qui ne savent rien. Ce doit être pour cette raison que je ne suis jamais vraiment parti. Je dois avoir besoin de vivre à proximité de mes racines. Je tiens debout grâce aux autres. Seul, je fane. Sans les autres, mon esprit se nécrose. Woody grandit et tient debout grâce à sa mère, ses sœurs, ses copains d'école, son instituteur, moi. Je résiste aux intempéries grâce à ma famille, mes amis. Nos racines, ce sont des gens, des visages, des paysages. Des vivants et des morts. Des morts. Surtout des morts. J'ai surpris Woody l'autre jour seul devant la tombe de Jim. Il en parle peu.

Jean-Marie et moi avions un rituel très étudié. Quand je revenais de Paris ou d'ailleurs et qu'il entendait le bruit de ma voiture au bas de la rue, au moment où je passais devant chez lui, il s'arrangeait pour sortir de son garage ou monter sur son balcon. Il me faisait un petit signe. Le temps de me garer, de poser mon sac, de jeter un œil à mes mails, il allait dans sa buanderie passer ses mains à la poudre de mécano. Il enlevait son bleu et enfilait son jean ou son short de compétition avec ses vieilles sandales. Je redescendais cinq minutes après et allais m'asseoir à ses côtés sur ses chaises en bois blanc. Les boîtes de bière allemande achetées au *Lidl* du village étaient devant nous, avec la bouteille d'amer. Il y avait des jours sans Picon, d'autres avec. On regardait la ligne d'horizon. On pouvait parfois rester silencieux une trentaine de secondes avant que l'un de nous prenne la parole :

– *Tu veux un truc à grignoter ? Des bretzels ?*

– *Ça va merci.*

Parfois, on parlait. Parfois, on se contentait du silence.

Woody demande qu'on s'arrête car il a envie de faire pipi.

– *Papa, j'avais tellement envie que ça ne vient plus.*

– *Pense à un robinet qui coule.*

– *Ça ne vient pas quand même.*

– *Ben reviens dans la voiture, on fera pipi plus tard.*

– *Non j'ai trop envie.*

– *Prends ton temps, on n'est pas pressés.*

Je feuillette un vieux *Répu* en l'attendant. En page dix-sept de la locale *Metz et environs*, je découvre qu'une artiste débarquée d'Amsterdam a élu domicile pas très loin de chez moi pour monter une installation avant la fin de l'été. Invitée par le centre d'art contemporain de Delme, l'artiste de 42 ans, originaire de Lyon, a passé trois mois dans ce village à une trentaine de kilomètres de Metz. Trois mois à concevoir un assemblage d'objets qui doit refléter un sentiment, une réflexion, une projection dans l'avenir. *Je souhaitais créer un paysage intérieur. Je me suis laissée aller à découvrir la campagne ambiante, les animaux, les cultures de céréales qui ont quelque chose de rassurant et cette belle lumière. L'envie m'est venue de constituer un champ, mais ailleurs.* C'est ce qu'elle explique au correspondant du *Républicain lorrain*. Elle a planté de l'herbe dans un presbytère. L'article est illustré d'une photo où on la voit en jean et tee-shirt noir au centre d'un intérieur moderne, blanc et lumineux. Le sol est couvert de chaume. Les épis mesurent une cinquantaine de centimètres. Elle les a plantés par motte, en prenant soin d'enlever grain à grain, la terre. *Ce qui m'intéresse, c'est qu'ils tiennent sur leurs racines*, dit-elle. L'herbe continue à pousser en l'absence de terre. Puis si on n'en prend pas soin, elle sèche et meurt. Mais si on arrose, les racines se ramifient et font tenir l'édifice. Cette installation m'intrigue. Elle a forcément un rapport avec ce que je cherche.

J'ai fini par lire *Louons maintenant ces grands hommes* de James Agee. Agee. Sa plongée dans l'Alabama de 1929. J'ai lu le livre par petits bouts sur une période assez longue. C'était par endroits fastidieux, répétitif. J'y suis revenu, l'ai relâché. On peut trouver une force et des idées dans des livres qu'on aime par petits bouts. On fait ce qu'on veut des livres. Ils sont comme des maisons qu'on découvre, qu'on visite. Une bibliothèque ressemble à une ville. Vous connaissez les rues, les quartiers. Dans certaines maisons, vous n'entrez jamais. Dans d'autres, vous vous contentez d'ouvrir la porte, de sentir l'odeur puis vous vous sauvez. Dans d'autres, vous revenez tout le temps. Vous vous endormez dans le grenier, vous trouvez sans cesse de nouveaux recoins. C'était une bonne idée cette plongée en Alabama chez les forçats du coton. C'était une bonne idée de raconter le monde à travers ce bout de terre.

Il y a beaucoup de Blancs et de Noirs très pauvres ici dans l'est du pays. Il suffit que je roule jusqu'au parking de *Cora* à Moulins et que j'attende la nuit. Ils arrivent par petits groupes et fouillent les poubelles. Si je traîne au *Rouge* à Montigny ou à la *Citadelle*, le restaurant pour nouveaux riches près de la porte Serpenoise, je suis sûr de tomber sur des frimeurs qui commandent des bouteilles à 500 euros. En Alabama, les riches vivaient cachés. Ici, ils parlent pour qu'on les remarque, haranguent les serveurs, font des héritiers et se cooptent entre eux. Ils montent des coups pour acheter des restaurants, des bars, des maisons de retraite, des cliniques, des hypermarchés. Je parle des petits riches, pas des oligarques. Mais au fond, c'est pareil. Les pères transmettent aux fils et aux filles qui ont du mal à suivre. Deux frères, les forains qui s'étaient lancés dans le rachat du parc des Schtroumpfs, achètent tout ce qu'ils peuvent en ville. Ils ont fait fortune grâce aux manèges, l'argent des pauvres, les autotamponneuses, le grand huit et les pommes d'amour. Après le parc, ils ont enchaîné par des boîtes de nuit et des restaurants. Ils ont des chaînes en or, des grosses montres, des chemises voyantes, une grande gueule. Ils sont craints et détestés par les anciens riches. Personne ne les connaît vraiment. Malgré la faillite des Schtroumpfs, les banques les soutiennent. Ils mettent un peu d'ambiance en ville et renouvellent le genre.

Je suis comme le type qui veut décrire un paysage pendant que le vent souffle et que les saisons passent. La neige tombe. Puis la neige recouvre tout. Puis la neige fond. Puis elle tombe à nouveau alors que le brouillard arrive avec la nuit. L'écriture fixe le mouvement et l'immobilise. Alors que justement la vie est mouvement. Je pense sans arrêt à cette photo où Woody et moi fixons un horizon. Son regard est douloureux. Le mien cherche un signe d'apaisement. On se projette. L'avenir. L'évidence d'une transmission. Le monde qu'on laisse. Le monde qu'on reçoit. Ce dégoût qui monte. Cet espoir qui se dilue. Pas d'idée qui emporte tout sur son passage et qui fait que ce que je ressens s'ordonne. Et puis la mort de Jim qui vient recouvrir l'ensemble.

C'était en décembre dernier. Le 7. La veille, j'avais posté sur *Facebook* la photocopie d'un chèque de 861,20 euros destiné aux Restaurants du cœur, avec ce commentaire : *Là c'est carrément la fin du comité... On a bien travaillé, on est content. Sur les dizaines de milliers d'euros ayant servi à gagner ce combat contre mes amis luxembourgeois, il reste même quelques ronds... Merci à tous.* Le matin j'avais compté les *like* et les transferts. Puis j'avais emmené Woody à l'école et au retour j'étais allé boire un café chez Jean-Marie. Il était encore en pyjama, ronchon. Il m'a parlé de sa mort tranquillement. Je lui ai dit *d'arrêter ses conneries*. C'était un rituel entre nous. Ensuite, il m'a demandé de chanter *L'Internationale* à l'église le jour où ça arrivera. Je lui ai répété *d'arrêter ses conneries*. Je lui ai proposé de venir le chercher pour l'emmener à l'hosto vers 13 heures pour sa chimio. C'était inutile, l'ambulance était commandée. Vers 13 heures, la rue était toujours glacée. Ce jour-là, il n'était pas très en forme, toussait beaucoup. Je ne sais pas ce qui lui a pris de vouloir descendre la rue à pied jusqu'à l'ambulance. Que d'efforts à fournir pour tenir en équilibre sur la neige. Arrivé en bas, ses poumons se sont bloqués. Le crabe a donc rattrapé mon copain Jim. Une semaine plus tard, il est passé de l'autre côté. Cinq jours après, l'église du village était noire de monde. J'ai marmonné *L'Internationale*. On est ensuite allés à la crémation. Tous effondrés.

Deux mois plus tard, Jim avait sa petite tombe avec son urne dedans.

À raison d'une dizaine de bières par semaine depuis dix ans, on a dû écluser plusieurs tonneaux de houblon, généralement seuls côte à côte en regardant le vent souffler dans les bambous. Il me demandait comment ça s'était passé à Paris. Je lui répondais *Et toi dans ton garage ?* On parlait mécanique, politique et métaphysique. Il aimait parler de son autre vie, quand il avait été chauffeur de bus et cégétiste. Il était de tous les combats. Il aurait bien aimé que je l'accompagne lors du dernier meeting de campagne de Mélenchon à la Bastille. *Moi tu sais les voyages en bus… Et puis les grands-messes… Mais ce sera sympa, on boira des coups avec les copains, on mangera des saucisses… Moi tu sais les saucisses…* J'avais dû insister pour qu'il glisse le bulletin Hollande pour le second tour de la présidentielle de 2012. Jean-Marie n'avait pas confiance. Il est mort un vendredi de neige à 17 heures après une semaine de coma et de respirateur artificiel. Et huit mois de bagarre contre des tumeurs aux poumons. Il avait 62 ans. Dix ans ensemble. Entre nous, ce fut instantané et permanent. Dès le premier jour quand l'agent immobilier m'a fait visiter la maison en face de la sienne. Il existe peu d'hommes vraiment bons en ce monde. Des hommes capables de donner sans espoir de retour. Des hommes au sourire généreux. Des hommes avec des yeux de Jésus et des doigts de mécano. Jean-Marie, mon vieux Jim, était l'un d'eux. Je redoutais tellement ce moment. Jim, mon vieux Jim.

19.
Madame fait de la gym

Je négocie avec Woody l'étape suivante. Je le dépose chez Martine et je viens le rechercher dans une heure…

– *Pas plus papa, tu me promets ?*

– *Juré, craché.*

Je fonce chez Bertrand. J'atterris dans le salon d'une villa moderne à l'extérieur de Carling. *On a fait construire il y a six ans, c'est une maison d'architecte.* Bertrand, le type en face de moi, est un ami d'Édouard. Il est ingénieur chimiste et travaille pour une multinationale américaine. Il officie depuis dix ans à Carling dans la raffinerie de Total. Mais il tire ses dernières cartouches. À la rentrée de septembre, il part travailler en Bretagne. Comment voit-il évoluer la région ? *Je suis absolument pessimiste car on n'a plus d'argent. On cache les problèmes comme la poussière sous un tapis. Un jour, ça pétera c'est sûr. Mais ça ne viendra pas des ouvriers ou des étudiants comme en 68. Ça viendra des classes moyennes. Quand on en aura vraiment marre de nous faire tondre.* Il enchaîne sur les manifestations pour les retraites de 2010… Elles l'ont visiblement agacé au point qu'elles reviennent sur le tapis trois ans après. Il y pense encore et me ressort la propagande du gouvernement d'alors : *La population vieillit, il faut donc travailler plus. C'est mathématique*, dit-il. *J'espère que Hollande ne va pas céder là-dessus. Sinon, on est mort. Remarquez mourir de ça ou d'autre chose…* La pollution l'inquiète : *Je ne dis pas que Total ou que les Houillères ne font pas d'efforts aujourd'hui pour dépolluer les sites. Personne n'a le courage de s'attaquer au problème des déchets enfouis au fil des ans. C'est ce qui nous tuera.* Il propose un Coca light. Sa femme est dans le salon. Elle travaille *dans* la formation continue de coiffeuses et d'esthéticiennes. Ils ont voté Sarkozy au second tour. Lui a voté écologiste au premier tour. Elle ne veut pas le dire mais, d'après Édouard, elle aurait voté Le Pen. Ils sont de droite. Ils pensent que contre la misère on ne peut rien faire sinon laisser les entrepreneurs *créer des richesses.* Ils objectent qu'il y a quelque chose d'inéluctable dans certaines destinées. Elle le pense plus que lui. Elle porte une robe blanche moulante et des bijoux voyants. Elle fait de la musculation. Elle a de gros mollets. Elle s'est fait refaire les seins. Lui est en jean Marlboro et en polo Serge Blanco. Ils ont une fille qui a redoublé sa première année de médecine à Nancy. *Si elle ne réussit pas cette fois, elle essaiera sûrement kiné*, dit-il. Une photo en noir et blanc de la fille (genre Harcourt) est posée sur la desserte Ikea. La fille est née à Carling. *On est contents de partir. Si on avait dû rester plus longtemps, on serait devenus fous,* explique l'épouse de Bertrand. On parle des poussières et de l'air si pollué de ce coin perdu du bassin houiller. Bertrand me fait un cours en proposant des cacahuètes. Il gesticule, s'énerve et prend des poses de professeur *es* nappes phréatiques, tandis que son épouse sort faire des courses. Elle sera rentrée dans une heure. Je regarde ma montre.

Dès qu'elle a fermé la porte, il demande si je veux boire autre chose.

– *Non ça va.*

– *Un petit whisky ou un verre de blanc ?*

– *Non, sans façon, j'ai un peu de route et il me reste un point sur mon permis.*

Il a l'air déçu :

– *Alors un petit blanc,* dis-je convaincu qu'il me faut faire un geste pour obtenir des informations et accélérer le processus d'échanges.

Il se marre, amène un verre à pied et une bouteille de riesling qu'il débouche. Il sert un verre à ras bord et vide une bonne rasade de Chivas dans le sien. Il est 17 heures, on est samedi. À la télévision, du rugby en sourdine. Une équipe française se fait étriller par une équipe irlandaise. Bertrand aime la chimie, les livres d'histoire, Michel Chevalet et *Sciences et Avenir*. Je ne comprends pas tout ce qu'il me dit. Le charbon arrive à la cokerie sous forme de minerai. Il va être transformé en coke. Pour cela, on le concasse. On le nettoie. On enlève les impuretés, on le lave, on le broie. Puis on le met dans un four d'où vont s'échapper tout un tas de saloperies, principalement du soufre et de l'ammoniac. Pour éviter que les gaz s'évaporent et se baladent en ville, on envoie une sorte de brouillard d'eau qui absorbe les impuretés du charbon. Cette eau produit des boues toxiques qu'on a longtemps laissées se déverser dans la nature. Quand je pose la question des responsabilités, Bertrand est emmerdé. Il explique que les Houillères du bassin de Lorraine ont progressivement refilé le bébé et les boues à Total qui pouvait les transformer en engrais et en différents produits ou gaz exploitables en pétrochimie.

– La pollution du sol provient de ces boues ou plus exactement des déchets de ces boues qu'on a enfermés dans des fûts enterrés sur le site ou dans des décharges. Elle provient aussi de l'eau qui a servi à nettoyer les boues. Elle s'est chargée en chromates et en phosphates qui se sont évacués par les sols, les sous-sols, les cours d'eau… Je me souviens d'une rivière qui prend sa source à Carling et qui était particulièrement polluée… Le Merle… Aujourd'hui on fait plus attention, mais avant ce n'était pas du tout contrôlé…

– Avant quand ?

– Je dirais jusque dans les années 80. C'est là que je suis intervenu mais on ne m'a pas laissé faire tout ce que je voulais faute de budget.

– Aujourd'hui la cokerie est fermée et tout le monde s'en fout, non ?

– Oui, ça reviendrait trop cher de dépolluer trente ou quarante ans de gabegie… Quand j'allais sur le site, je repartais toujours avec les narines noires.

On parle. Il boit, finit par me dire qu'il est *sûr et certain* que les taux de cancer autour de la cokerie et parmi les anciens salariés doivent *monter en flèche*. Sa femme rentre des courses. La bouteille de Chivas est rangée.

Ils se vivent comme des privilégiés.

– On a presque remboursé l'emprunt de la maison, dit-il.

Ils vont en vacances au Club Med chaque été en juillet. Leur fille de 22 ans les accompagne. En avril prochain, ils pensent aller au Mexique. Plus tard, quand ils auront *fini de travailler*, ils se voient habiter dans le Sud dans un mas qu'il se propose de retaper. Ils ne sont pas croyants. Lui a été franc-maçon, mais il a laissé tomber.

– C'était intéressant, mais ça me prenait trop de temps…

La cuisine est une Mobalpa. Le canapé dessiné par Josef Hoffmann a été acheté via un site Internet italien *moins de*

4 000 euros. Il en est très fier. *Ma femme n'était pas d'accord. Elle pensait que ce serait de mauvaise qualité mais le cuir est parfait. Ça vaut le triple normalement.* Elle ne peut pas entendre ce qu'il dit car elle est repartie à la gym.

Je l'écoute, lui souris, n'entends plus ce qu'il chuchote, mets la main sur le verre quand il revient avec le Chivas, remets la main sur le verre quand il ressort la bouteille de blanc. Je lui explique que j'ai promis à mon fils... Il n'entend rien, il fait en sorte de se mettre entre la porte de sortie et moi pour continuer son explication et la dangerosité extrême des potasses qui seraient vectrices de cancer de la *plèbe*. Je lui fais répéter deux fois et je me permets de lui souffler qu'il doit confondre avec la *plèvre*. Il s'excuse. Je le bouscule un peu. Il veut encore parler de ma Jaguar mais j'abrège un peu rudement.

– *Saluez bien Édouard de ma part et ne lui dites pas que j'ai du Chivas. Il va râler parce que je n'ai pas acheté de whisky chez lui. Il n'a qu'à baisser ses prix entre nous...*

– *Je n'y manquerai pas.*

– *Mais entre nous aussi, son whisky est bien meilleur...*

Je retourne chez Édouard en appuyant fort sur la pédale. Woody est devant la porte de la maison, seul, les mains le long du corps, les poings fermés, le col de sa chemise boutonné, l'air sombre :

– *On ne peut pas te faire confiance papa...*

– *Désolé mais je te jure que j'ai fait le maximum.*

On embrasse Martine et les filles. On prend de l'essence à *Cora* et on décolle. Je voudrais arriver chez mes parents avant la nuit.

20.
Nicolas Sarkozy

Mon premier film s'appelait *Journal intime des affaires en cours*. Je l'ai écrit en 1997. C'était un documentaire d'une heure et cinquante-quatre minutes. J'ai fait ce film avec mon copain Philippe Harel qui venait de réaliser *Les Randonneurs*. Il voulait changer d'air. Il a été servi. Philippe ne connaissait rien au monde des affaires. Il m'a suivi avec sa bienveillance et sa caméra de Fameck à Milan, de Madrid à Paris, de Genève à Toulon. J'ai écrit ce film comme un testament. Je n'allais pas me tirer une balle, j'avais besoin de repartir vers d'autres horizons. J'étais fatigué des affaires, éreinté de constater que mon travail d'explication, de dénonciation, de révélation ne menait pas à grand-chose, sinon des emmerdements. Le journalisme n'était plus ce à quoi je pensais en me levant le matin. Ou alors j'y pensais avec dépit. Nous n'avions pas franchi la barre de l'an 2000, l'air était moins respirable que vingt ans plus tôt. Le Front national faisait son lit de ce qu'on appelait déjà *la crise* et les politiques restaient sourds et aveugles. Chirac et Villepin étaient au pouvoir. Autant dire, du vent. Ronald Reagan aux USA et Margaret Thatcher au Royaume-Uni, *drivés* par de puissants lobbys libéraux, avaient lancé la mécanique folle de la financiarisation de l'économie. Nous étions comme engourdis face à un monde dérégulé. Sous nos yeux, les États s'affaiblissaient, l'Europe était de plus en plus bancale. Les capitaux circulaient librement mais les juridictions restaient cadenassées dans leurs frontières nationales. En ouvrant les frontières économiques sans changer les règles judiciaires ni les missions des États, les dirigeants politiques en France, en Italie, en Espagne, en Allemagne, au Benelux avaient donné un coup d'accélérateur à une économie souterraine et invisible à l'œil si nu des journalistes.

Quelques jours avant de me lancer dans le tournage de *Journal intime*, j'avais trouvé chez un bouquiniste un petit livre jauni à la couverture verte et rouge. Il avait été écrit en 1947 par un ancien journaliste du *Progrès de Lyon* devenu ministre du Ravitaillement : Yves Farge. Dans *Le Pain de la corruption*, j'avais coché un passage : *Un volume important de capitaux circule entre continents en dépit des contrôles. Une masse flottante, clandestine, alimente les caisses des grands initiés au détriment des monnaies et des économies d'État,* écrivait Yves Farge qui était un ancien résistant proche de Jean Moulin. *Une véritable internationale clandestine opère à la faveur des autarcies monétaires. Ses adhérents pour lesquels toute réglementation nouvelle est une aubaine, tirent des revenus considérables d'une fraude ordonnée, dirigée, ayant ses lois silencieuses et se développant dans cette zone indéfinie, réservée aux derniers bénéficiaires d'un capitalisme libéral que l'on croyait moribond et qui en vérité périra dans ces putréfactions.* J'aurais pu écrire ces lignes cinquante ans plus tard. Les capitaux clandestins ont toujours existé. Comme les mafias ou les paradis fiscaux. Ce qui est nouveau, c'est leur explosion, la vitesse des échanges et la quantité décuplée de ces investissements clandestins. La révolution informatique et la dématérialisation sont passées par là. La parfaite *inadaptation des systèmes de contrôle* reste commune aux deux époques.

Je terminais mon *Journal intime* sur des images nocturnes de ville déserte, la place Saint-Jacques de Metz avec ses bars sans lumières et ses tables de terrasse empilées, l'autoroute qui mène à Nancy à 3 heures du matin sans voitures, le parking vide de *Cora* Borny * où des Caddies roulaient seuls poussés par les vents. Le souffle du vent, les grincements du métal. Je me lançais dans une métaphore mêlant des lapins, des chiens et des dingos. Mon histoire se passe en Australie avant l'arrivée des dingos. La population de lapins suffisait à nourrir celle de chiens. Les dingos sont arrivés. Plus rapides que les chiens, ils ont fait un carnage chez les lapins. Les chiens n'ont rien vu venir. Les lapins se sont adaptés. Ils ont développé leurs pattes arrière, se sont mis à grimper aux arbres. Ils sont devenus insaisissables pour les chiens qui, faute de nourriture, ont peu à peu disparu. J'enchaînais : *Avant, l'État et nos élites dominaient le peuple en toute tranquillité. Aujourd'hui, ces maîtres d'un autre temps peuvent continuer à faire comme si nos frontières étaient protectrices. Ils ne savent pas à quel point elles sont asphyxiantes. Ils ne savent pas à quel point ils sont déjà morts. Dans le monde qu'ils nous préparent, ils ne seront plus. Les timides efforts des juges ne peuvent que retarder l'échéance. Leur souveraineté nationale ne protège que les voleurs de démocratie, ces nouveaux prédateurs à l'esprit vif et au modem puissant.* Fondu au noir. Générique

* Chaîne d'hypermarchés que l'on ne trouve que dans l'est de la France, en Belgique et au Luxembourg.

sur les vœux de nouvelle année 1998 de Jacques Chirac. *Françaises, Français...*

Quinze ans ont passé. Les gens que je rencontre entre Metz et Carling sont des lapins. Je suis un lapin. Nous sommes un peuple de lapins. Les dingos sont les traders, les ingénieurs financiers, les banquiers apatrides et leurs clients, les dealers de coke, d'armes, de pétrole, les oligarques, la Rockefeller Band... Leurs dégâts sont aujourd'hui visibles. Ils ont les clés des systèmes de transmission d'informations et les accès aux coffres. Les chiens sont les élites qui, pour une part, conservent une partie du pouvoir politique, policier et militaire. Les chiens sont aussi ceux qui bénéficient des appuis de ces élites et les servent : policiers, magistrats, penseurs médiatiques, banquiers centraux, avocats de la cause financière. Plus généralement, les bénéficiaires et les protecteurs du système : bourgeois libéraux, rentiers, héritiers, hommes politiques compromis. Les lapins s'en sortiront toujours quitte à vivre dans des caves, quitte à se fabriquer des armes, à se laisser pousser les dents. Quitte à faire une révolution pour desserrer leur joug. Pour les chiens, c'est plus problématique.

J'étais alors très influencé par Noam Chomsky que j'avais rencontré à Sienne et avec qui j'étais en train d'écrire un livre d'entretiens*. Cette révolte contre la propagande des affairistes de Wall Street tirant les ficelles des médias et des deux partis au pouvoir aux USA reste la grande idée de Chomsky : *Plus un groupe est puissant, plus il met en avant des hommes politiques qui servent ses intérêts.* J'avais travaillé longuement sur le financement occulte des partis

* *Deux heures de lucidité*, entretiens avec Noam Chomsky réalisés avec Weronika Zarachowicz, Éditions des Arènes, 2001.

politiques par des multinationales. J'avais écrit des dizaines d'articles sur le sujet. Et je trouvais, résumé en quelques lignes, ce que je cherchais à montrer depuis des années. Chomsky ouvrait des pistes qui allaient au-delà de la trop simpliste théorie du complot. Ses propos éclairaient mes zones d'ombre : *La foule doit être détournée vers des buts inoffensifs grâce à la gigantesque propagande orchestrée et animée par la communauté des affaires (américaine pour moitié), qui consacre un capital et une énergie énormes à convertir les gens en consommateurs atomisés et en instruments dociles de production.*

La crise de 2008 est venue brouiller les cartes. Il y a quelque chose d'immuable, de rigide et de spécifiquement américain dans la pensée de Chomsky. Je m'étais efforcé de lui expliquer pourquoi en France les juges pouvaient être aussi des alliés et pourquoi les classes populaires – les lapins – grâce à leur capacité d'adaptation pouvaient s'en sortir. Chomsky ne comprenait rien à ce que je racontais.

– *Les juges seront toujours aux ordres du pouvoir et les lapins, quels lapins ? De quoi parlez-vous ?*

– *C'est une métaphore. J'essaie de trouver un chemin, une vérité dans ce que vous proposez…*

– *La vérité, ce n'est pas vos idées fumeuses. La vérité, c'est cette table. Elle est en bois. Elle est entre nous. Cette table est réelle. C'est elle la vérité.*

Noam Chomsky a influencé ma manière de voir le monde et d'être journaliste. Ou plutôt de ne plus l'être. Il m'a aidé à réfléchir, à faire des choix. Son premier livre en France, après ses procès en sorcellerie pour antisémitisme, est sorti grâce à nous et à ces entretiens de Sienne. Il est vénéré par plusieurs générations d'altermondialistes. Mais Chomsky a très peu d'humour et ses capacités d'imagination ou de transgression sont bizarrement limitées. Au fil des années et des conférences, son esprit s'est clos sur une pensée aussi circulaire qu'une danse de derviche tourneur. Il étourdit. Il rassure les altermondialistes, tout occupé qu'il est à montrer comment l'élection de Barack Obama et la crise financière donnent raison à ses prédictions. Pourtant, le bruit autour des banques et de la crise de 2008 vient parasiter son raisonnement. C'est un peu comme si nous sortions du cadre et si nous découvrions collectivement l'étendue de notre dépendance à un système financier et politique qui peut cesser de fonctionner et que personne ne contrôle vraiment. Cette idée que personne ne maîtrise la situation et que même les très riches ne sont plus invincibles est peut-être la seule qui fédère et angoisse tout le monde. Riches, pauvres, dingos, lapins, hommes politiques, militaires ou banquiers…

La fin d'une époque, qu'est-ce que cela signifie au juste ? Sans doute la fin d'une longue période de relative stabilité, fondée sur les États-Unis comme puissance dominante et sur le dollar comme principale monnaie de réserve internationale. *Je prévois une ère d'instabilité politique et financière, dont on peut espérer qu'elle sera suivie de l'émergence d'un nouvel ordre mondial,* écrivait George Soros au tout début de la crise de 2008 *. Cette idée selon laquelle la crise financière pourrait générer ce nouvel ordre mondial dépassant le cadre des nations est reprise par des dizaines de leaders économiques et politiques. De Zapatero en Espagne à Berlusconi en Italie en passant par Barroso ou Juncker à Bruxelles, Schröder ou Merkel en Allemagne, David Cameron, Tony Blair ou Gordon Brown en Angleterre : *La crise financière ne doit pas être une excuse pour un repli*

* *La Vérité sur la crise financière*, George Soros, Denoël, 2008.

dans le protectionnisme mais plutôt être vue comme l'accouchement difficile d'un nouvel ordre mondial, avait expliqué ce dernier au côté de Nicolas Sarkozy au lendemain du G20 en avril 2009. Ce sommet avait, si l'on en croit tous les dirigeants de cette planète, mis fin aux paradis fiscaux. Génial moment d'enfumage collectif.

Selon ces leaders d'opinion, nous marcherions donc vers la fin d'un monde aux règles connues, aux pouvoirs établis, aux zones de conflits répertoriées et contrôlées. Nous ne savons pas ce que nous réserve cet autre monde évoqué par Soros, mais aussi et dans les mêmes termes par David Rockefeller, Lloyd Blankfein le patron de Goldman Sachs, George Bush senior et junior ou Nicolas Sarkozy. Le 25 septembre 2007 devant l'assemblée générale de l'ONU, le président français fraîchement élu appelait de ses vœux ce nouveau monde dans lequel viendraient se fondre les États : *C'est un véritable New Deal à l'échelle planétaire qui est nécessaire. Un New Deal écologique et économique. Au nom de la France, j'appelle tous les États à se réunir, pour fonder le nouvel ordre mondial du* XXIe *siècle.*

Six ans plus tard, en juin 2013, en reconquête d'un pouvoir perdu, Nicolas Sarkozy, accompagné de son ancien ministre du Budget, François Baroin, se retrouve à Londres pour une conférence organisée par Lloyd Blankfein. Le patron de Goldman Sachs l'avait déjà invité un an plus tôt à New York pour une conférence du même genre. Rien ne filtre de ce genre de huis clos où on disserte sur la gouvernance mondiale. Mais il suffit de reprendre les précédentes déclarations de Nicolas Sarkozy sur le sujet pour imaginer les applaudissements des traders de Goldman. *Nous irons ensemble vers le nouvel ordre mondial, et personne, je dis bien personne ne pourra s'y opposer*. Du Nicolas Sarkozy dans le texte. C'était le 16 janvier 2009, quand il présentait ses vœux aux corps diplomatiques étrangers. À ce niveau de mimétisme entre les uns et les autres, ce n'est plus un hasard, c'est une stratégie. Une vision à accomplir.

Comment échapper à ce destin que nous prédisent les banquiers, les grands patrons ou les télégraphistes politiques servant leurs intérêts ? L'ancien président a touché 100 000 dollars pour sa conférence. La facture a été réglée par Goldman Sachs qui reste la banque d'affaires la plus impliquée dans le pillage des États et la championne du monde des investissements *offshore*. Est-il utile de rappeler que Goldman Sachs en conseillant les dirigeants grecs, en les incitant à la fraude, a mis le pays à genoux ? Goldman est la figure de proue des banquiers *no limit*. Ils sont les seuls financiers à s'être enrichis en spéculant à la baisse lors de la crise des *subprimes*.

Cette manière de sourire et de vendre un peu de son âme à une banque affairiste peut inquiéter. C'est un peu la double vie de Nicolas. Son côté *Fouquet's Band*. D'un côté, il joue la carte du peuple et la grandeur de la France. De l'autre, il les vend aux ogres de Wall Street. Nicolas Sarkozy est un des meilleurs VRP de ce nouvel ordre mondial. Il entretient des relations très suivies avec son demi-frère Olivier. Après avoir été banquier vedette à UBS, ce dernier a été débauché en 2008 pour rejoindre le staff dirigeant du Carlyle Group. Carlyle n'est pas une banque mais une multinationale investissant des dizaines de milliards dans tous les secteurs influant sur la planète, énergie, défense, aéronautique, médias, télécom. Olivier a présenté George W. Bush à Nicolas quand celui-ci n'était encore que ministre de l'Intérieur. Carlyle a la particularité de recycler tous les politiques ou les industriels influents pouvant servir ses intérêts. James Baker, l'ancien secrétaire d'État US, John Major ou Paul Desmarais, le milliardaire canadien, grand ami de l'ancien président français, en sont des salariés ou des actionnaires actifs. De même que Franck Carlucci, l'ancien patron de la CIA. Le maillage est en place. Entre Goldman, Carlyle ou TPG (*Texas Pacific Capital*, autre géant de l'investissement tous azimuts), des centaines de milliards d'euros ont déjà infiltré l'économie européenne et française. Le quinquennat sarkozyste a été royal pour ces investisseurs rêvant tous d'un monde sans frontières, sans États, sans autre justice que la leur. Celle des dingues et des dingos. Leur *nouvel ordre* déteste la démocratie, vomit l'égalité, exècre les syndicats. Ce combat qui se profile n'est pas nouveau. Déjà au début du siècle, le président américain Théodore Roosevelt mettait en garde : *Derrière le gouvernement visible siège un gouvernement invisible. Il ne doit pas fidélité aux peuples et ne se reconnaît aucune responsabilité. Anéantir ce gouvernement invisible, détruire le lien impie qui relie les affaires corrompues avec la politique, elle-même corrompue, tel est le devoir de l'homme d'État.* Est-ce que je crois au complot ? Non. Est-ce que la victoire des actionnaires et administrateurs de la *Private Equity* est écrite ? Non. Mais jamais l'avenir n'a été aussi incertain.

21.
Le Colorado en plus petit

Je cherche une station audible. La radio égrène ses infos du moment. Entre France Culture, France Infos et Inter... Grève d'ouvriers en Roumanie. Massacre ethnique au Nigeria. Délocalisations d'usines en Slovénie. Des régions jadis florissantes où les maisons s'effondrent, où le taux de chômage dépasse 50 % chez les moins de 25 ans. C'est le cas de certains quartiers à Borny, Woippy, dans le bassin houiller, la vallée de l'Orne ou de la Fensch. C'est aussi le cas de villes du Nevada, du Nouveau-Mexique, du Colorado, du Missouri, du Wisconsin. Le chômage grimpe ici mais encore plus là-bas, en Amérique. Cormac McCarthy aurait pu aussi avoir sa vision d'apocalypse en Thaïlande, au Mexique, aux Philippines où les émeutes sont de plus en plus violentes. Il l'a eue à Albuquerque, pas très loin du Rio Grande. On ne s'imaginait pas un pays si puissant plonger si profondément dans la crise. Celle du marché immobilier persiste. Jamais le chômage n'a été aussi élevé aux USA. Wall Street tient pourtant le choc.

– Papa tu ne veux pas mettre de la musique. Y en a marre de ta radio.

– *Ok Woody, qu'est-ce que je te mets ?*
– *Tu sais la chanson sur le surf.*
– *Ok ça roule… Les Beachs Boys…*

Après les *subprimes* et les *dark pools* *, voici le *forclosure-gate*, le *scandale des saisies*. Pour virer des propriétaires ayant emprunté pour acheter leur maison, de faux actes de saisie ont été imprimés industriellement. Toutes les grosses banques américaines sont impliquées et plus particulièrement les grossistes chargés des prêts hypothécaires, Freddie Mac et Fannie Mae. Ces deux groupes d'assurances que l'État américain a largement renfloués en 2008 ont créé une structure intermédiaire, point de passage informatique obligé de tous les actes d'hypothèques. Devant l'afflux de demandes après la crise des *subprimes*, des employés de cette société ont signé des saisies par dizaines de milliers. Mais ces employés n'étaient pas assermentés, les saisies se révèlent illégales. Face à l'imbroglio, le gouvernement a gelé l'affaire. Les banques s'apprêtent à signer un nouveau chèque qui dépassera les 500 milliards de dollars et pourrait atteindre le trillion.

Je prends la nationale, traverse des paysages connus. Merlebach. Hombourg-Haut. C'est là que j'ai tourné mon dernier documentaire sur des soudeurs ayant mené une grève de près de quatre ans, dont trois à occuper leur usine de soudure. Les établissements Munch. Le film vient d'être diffusé sur France 3 à minuit. Il paraît que nos chiffres

* Goldman Sachs, l'UBS, Citigroup, Deutsche Bank mais aussi les banques françaises BNP-Paribas et la Société générale ont ouvert le bal en septembre 2008 en lançant Turquoise, le premier « fonds commun noir » européen qui sera racheté un an plus tard par la Bourse de Londres. C'est une directive européenne de 2007 qui a autorisé les banquiers à intervenir en Bourse anonymement.

d'audience étaient bons et qu'il y avait plus de monde à 1 heure du matin quand il s'est achevé qu'à minuit quand il a démarré. Je devrais maintenant en faire une version longue pour le cinéma.

Dans tous les villages que je traverse, le FN ne dépassait pas les 1 % au début des années 80 quand les puits de mine étaient encore gorgés de monde. Il descend rarement sous les 30 % aujourd'hui. J'ai beaucoup parlé de cette question avec les ouvriers de chez Munch et dans les cafés du coin. Tous ou presque votaient à gauche en 1981. Beaucoup votent FN aujourd'hui. Je crois que la raison du revirement est le manque de respect à l'égard de ces ouvriers et de ces ouvrières. C'est une tendance lourde, difficilement réversible. D'autant que le FN, depuis l'arrivée de Marine Le Pen, a changé sa façade et semble s'être adouci sur les questions de racisme ou de mœurs. Ces hommes et ces femmes du bassin houiller votent FN pour protester, parce qu'ils ne se sentent plus respectés et ne croient plus aux promesses des partis au pouvoir pendant ces trente années. Les valeurs auxquelles ils ont cru, sur lesquelles ils ont été éduqués par leurs familles, leurs instituteurs – le travail, l'effort, la solidarité – se sont dissoutes dans l'air du temps. Travailler ne permet plus de vivre dignement et d'être respecté. Même au-delà de la frontière, en Allemagne ou au Luxembourg où beaucoup ont migré, les entreprises commencent à licencier et à choisir de la main-d'œuvre plus locale.

Je profite d'une pause musicale pour remettre la radio. Sur France Culture, à la fin d'un reportage, *Milwaukee, trou noir de l'Amérique*, un économiste répète que la fin du pétrole est programmée dans une cinquantaine d'années. Il insiste sur le réchauffement climatique et les eaux qui montent dans le Pacifique, comme sur la banquise. Un philosophe lui demande où il veut en venir. *La catastrophe est devant nous si on ne fait rien*, répond l'économiste sans préciser qui est ce *on* : l'État, les citoyens, le nouvel ordre mondial ? Au cœur de tous ces conflits, de cette nervosité, on trouve toujours les inégalités liées à l'argent. Le manque d'argent rend fou à Milwaukee comme à Boulay où j'achète mon ticket de péage pour prendre l'autoroute et où les commerces du centre-ville ferment inexorablement. *La ville du Wisconsin a été balayée. Désormais 40 % de ses enfants ne mangent pas à leur faim*, raconte une journaliste. *Happy days*, le feuilleton phare et joyeux des années 70, a été tourné à Milwaukee : *Monday, Tuesday, happy days*... La musique du générique du feuilleton passe en boucle dans le reportage et me mange le cerveau. Qui ne l'a pas fredonnée en rêvant à ces grosses Cadillac sillonnant les quartiers chics de la ville ? Reviens Fonzie... Dis-nous que c'est un cauchemar. Tout n'a pas disparu aussi vite... *La pauvreté existait avant la crise, mais elle atteint aujourd'hui des records. L'économie parallèle domine et structure la cité*, explique un éducateur de Milwaukee : *Seuls 35 % des enfants finiront le collège. Demandez-leur ce qu'ils veulent faire plus tard. Ils disent tous avocat, professeur ou médecin mais ils n'ont pas la moindre idée de la manière d'y parvenir. Par contre, ils vont vous expliquer dans les moindres détails les rouages du business de la drogue et comment se faire de l'argent au noir*. Partout où la crise frappe et perdure, où l'État peine à trouver des parades, une économie parallèle prospère. Le peuple, les pauvres s'en sortiront toujours. Leurs bataillons vont enfler. Les classes intermédiaires vont peu à peu disparaître. C'est la vieille théorie darwinienne de l'adaptation et de la sélection naturelle. Où l'État faillit, le crime prolifère, s'organise, occupe le terrain. Dans l'ombre.

Absorbé par la radio, je manque la sortie Mondelange et je sors de l'autoroute à Hayange. C'est un acte manqué. J'avais envie de repasser par ces routes où je ne suis plus allé depuis mon adolescence. En passant devant l'hôpital, je note que le service des urgences vient de fermer. Je n'aurais plus de bras aujourd'hui si j'avais dû aller aux urgences de Thionville plutôt qu'à celles à côté de chez moi. Mangé par la gangrène mon bras. Hayange était une cité florissante trente ans plus tôt : des rues grouillantes, des cheminées d'usines crachant de la fumée non-stop, des boutiques de luxe pour les femmes d'ingénieurs, un bistrot chaque cent mètres. Hayange était la ville la plus florissante de la vallée de la Fensch. Sa capitale, en quelque sorte. Mondelange, Serémange-Erzange, Knutange, Nilvange, Hagondange, Uckange. Florange : *Le ciel a souvent des teintes étranges, le nom des patelins se termine par ange. C'est un vieux pays pas très connu, il n'y a pas de touristes dans les rues...* Bernard Lavilliers l'a célébrée dans une chanson devenue l'hymne des sidérurgistes : *Viens petite bourgeoise demoiselle visiter la plage aux de Wendel. Ici pour trouver l'Eldorado, il faut une shooteuse ou un marteau. La vallée de la Fensch ma chérie c'est le Colorado en plus petit.*

Je suis allé à l'hôpital d'Hayange quand je me suis ouvert le bras, cassé la jambe ou quand mes amygdales étaient trop enflées. J'allais boire des bières à Hayange à la sortie du lycée les vendredis et les samedis parce que c'était là que la population bougeait. J'allais à la piscine d'Hayange pour apprendre à nager. J'allais au *Prisunic* d'Hayange pour trouver des cadeaux d'anniversaires et de fêtes des Mères. J'allais au cinéma d'Hayange quand un nouveau film sortait : *Les Charlots en Espagne, Il était une fois dans l'Ouest*, les westerns spaghettis de Sergio Leone. Les films qui faisaient le plus d'audience étaient ceux de Lautner ou de Deray avec Jean-Paul Belmondo. *Peur sur la ville, Flic ou voyou* ou *Le Professionnel*. Une salle continue aujourd'hui à survivre subventionnée par la mairie. *Le Palace*. Elle ne diffuse qu'un film le dimanche à 17 heures. Cette semaine, c'est *Djeca, les enfants de Sarajevo*. Je lis : *Rahima, 23 ans, et son frère Nedim, 14 ans, sont orphelins de la guerre en Bosnie. Ils vivent à Sarajevo, dans cette société transitoire qui a perdu toute compassion pour les enfants de ceux qui sont morts pendant le siège de la ville…*

Je pousse jusqu'à l'hôtel de ville. La ville semble à l'agonie. Où est ma brasserie ? Où sont les boutiques de luxe ? Des skateurs s'entraînent sur le parvis de la mairie. Des adolescentes dansent face aux hauts fourneaux éteints et se filment au portable.

Je remets les Beach Boys et demande à Woody s'il a envie d'aller faire un tour à la piscine où j'ai appris à nager. Il trouve l'idée super-bonne. Je m'attends à trouver un bassin désert. Au contraire, c'est flambant neuf, joyeux et coloré. L'endroit grouille de monde. Le nouveau centre nautique baptisé *Feralia* a été inauguré trois ans plus tôt. *Le préfixe* Fer *évoque l'identité du berceau du fer de la vallée de la Fensch et de sa région. Il met également en avant la spécificité des bassins en acier inoxydable. Le suffixe* alia *évoque le côté ludique et familial du centre aquatique*, m'apprend une plaquette de présentation.

On arrive dans le grand bassin. La nuit tombe. Pas trop de monde, l'eau est chaude et empeste le chlore. Woody a appris à nager, mais il a peur de se lancer. Je le pose au bord et je fais une longueur en évitant les obstacles. Puis je me retourne. Je regarde le plafond, les oreilles dans l'eau. Je ferme les yeux. Je me revois au même endroit quarante-cinq ans plus tôt. Mon père s'est mis en tête de m'apprendre à nager. Il laisse son paquet de Gauloises filtre dans son slip de bain et me gueule dessus en arpentant les allées. Le temps s'arrête. Je perds mes repères. C'était le plein-emploi. De Gaulle est au pouvoir et dans la télé en noir et blanc. Mon instituteur, M. Keime, nous frappait avec une règle et nos parents trouvaient la méthode normale, éducative. Tous les dimanches, on allait le voir jouer sur le stade de la route d'Uckange, car il était aussi l'ailier gauche de l'équipe de Fameck qui mettait des pâtées à Hayange, Knutange, Mondelange mais jamais à Florange parce qu'ils avaient les meilleurs joueurs et l'argent des barons de la sidérurgie. Je ne sais plus où je suis, ni ce que je fais dans ce bassin aussi chaud qu'un bain amniotique. Il y avait les parties de football avec Michel et son singe qui puait dans sa cage. Et l'autre Michel qui est devenu député et qui dribblait mieux que tout le monde. Denis est pharmacien. Carmelo a braqué une banque en oubliant sa carte d'identité sur le comptoir. Vincent est prof de sport et militant de la décroissance. Jean-Michel est revenu de New York, il cherche du travail. Dominique bosse pour une multinationale américaine au Qatar. Pierre forme des instituteurs à l'informatique, mais l'Éducation nationale ne lui fournit plus de bureau faute de crédit. On a presque tous fait des enfants. Certains de ces enfants ont fait des enfants. Nos enfants font des études sans savoir où elles les emmèneront. Ils sont prévenus. Les études, le travail, les efforts ne mènent plus assurément à un job. Mieux vaut être malin et motivé.

On jouait au foot derrière chez Michou Cremonini. Les buts étaient trop grands et les scores toujours fleuve. On se rêvait en footballeur professionnel, on a fini instituteur, éducateur ou étudiant en n'importe quoi. On n'angoissait pas sur l'avenir. Nos pères avaient de bons boulots. Tous n'étaient pas super bien payés, mais tous étaient en contrat à durée indéterminée. Nous avions passé le concours de l'École normale. C'était la mode à l'époque. Il fallait être con ou très riche pour ne pas tenter *l'ÉN* (prononcez Hé-Haine). Pendant les trois années de formation, les normaliens étaient salariés. L'année de mon bac, j'ai été reçu à l'École normale de Nancy sur une liste d'attente. Un mois de gamberge avant d'être sélectionné. On avait fait une fête. Instituteur ? J'hésitais. Tous mes copains normaliens me tapaient dans le dos. J'ai fini par décliner. Après avoir passé une journée en fac de médecine, j'ai bifurqué en psycho. J'y suis resté cinq années. Freud, Lacan, la biologie du cerveau et les tests psychologiques. Mes potes avaient de l'argent qui tombait tous les mois, des fringues, une voiture neuve, des appartements avec des convertibles nickel pour niquer. Je n'avais pas de salaire, pas de bagnole. J'avais un avenir plombé. J'avais une bourse et une chambre en cité U avec un convertible aussi. Et les *Cinq Psychanalyses* de Sigmund, édité au PUF, que j'avais fini par apprendre par cœur. Le *cas Dora*, *l'homme aux rats, l'homme aux loups*... On allait à la piscine d'Hayange qui était mieux que celle de Serémange-Erzange. Je me laisse couler. Et je remonte. Hayange est un tombeau avec une jolie piscine. Qu'est-ce qui nous a collectivement échappé pour que la situation se dérègle ce point ?

Woody a enfin plongé tout seul. Il me rejoint en barbotant et me lance un défi que j'ai intérêt à perdre...

– On fait une course papa ?

– Si tu veux.

Sa brasse n'est pas franchement coulée. La mienne non plus. Je fais des efforts pour rester derrière lui et ne pas le dépasser. Il est content. Il a gagné. J'aime bien le voir content. Je me demande s'il comprend que je l'ai laissé gagner. Je ne crois pas. Les enfants ont cette capacité de croire en eux, en leur force. L'avenir n'a pas vraiment de sens pour eux. Pour Woody, l'avenir c'est demain. Et l'idée qu'on prendra bientôt un avion pour aller voir sa sœur et sa mère à New York. J'essaie de me rappeler comment j'étais à son âge. J'étais au CE2 chez M. Keime. Je jouais aux billes et au foot. Je n'avais pas le droit de regarder la télévision le soir. C'était en noir et blanc. Mon père travaillait tout le temps. Quand on jouait aux dames, il me laissait gagner. Enfin, je crois. Parce que je le battais toujours.

22.
Mes premiers supporters

On se sèche. Il est tard. Mes parents nous attendent. Ils habitent à dix kilomètres juste à côté de Florange où on passe et où tout est désert. On traverse ensuite Uckange où le U4, dernier haut fourneau de la cité, éteint vingt ans plus tôt, sert de lieu de concert, de musée et de bougie géante. *À travers les visites proposées, le public pourra percevoir et comprendre le fonctionnement de l'usine et saisir à travers les témoignages des guides la vie de l'usine dans ses dimensions techniques, historiques et surtout humaines,* promet la publicité. À défaut de faire venir de nouvelles industries ou de résister à Lakshmi Mittal, la Ville, la Région et le ministère de la Culture ont investi dans des milliers d'ampoules et de projecteurs. La nuit tombée, la lumière orange du vieux haut fourneau enveloppe le site et éclaire la vallée d'une lueur orangée qui rappelle les coulées de métal en fusion. Encore une commémoration du passé. Même si le monument de fer en jette, le bourdon est assuré pour ceux qui ont connu le parc en activité. Des ouvriers par centaines, six hauts fourneaux fumants, des dizaines de cafés, une gare avec un chef de gare qui était le père de mes copains Pierre et Jean-Michel. Adrien Roeder. Plus rien n'existe, sauf ce mausolée si clinquant qu'il en devient suspect. J'habiterais en face dans une tour, j'aurais 70 ans, je serais un ancien sidérurgiste, chaque nuit j'aurais cette lumière à travers les volets. Un matin, c'est sûr, je sauterais.

Woody trouve que c'est beau. Il me demande ce que c'est.

– *Une usine, une vieille usine*, je fais.

Il n'insiste pas. On longe une petite route. Le parc de loisirs où je jouais petit a disparu, le terrain de football de M. Keime aussi. Je sens que Woody a une idée…

– *On fait quoi demain papa ?*

– *Je ne sais pas encore. On restera un peu chez papy et mamy. Ensuite, on ira peut-être voir un copain et puis je t'emmènerai à Rosselange… Après on rentre, non ?*

– *J'ai pas envie. Papa, je voudrais aller au zoo voir les gorilles…*

– *Quand ?*

– *Ben demain. Allez je t'en supplie. J'ai pas d'école et tu m'avais promis…*

– *Je n'ai rien promis. On est déjà allés voir les singes…*

– *Ben justement. Avec les gorilles, ça change…*

– *Tu as fait tes devoirs ?*

– *Oui, tout bien. Je te récite la poésie et si je me trompe, on n'y va pas…* Pour faire le portrait d'un oiseau *de Jacques Prévert… Peindre d'abord une cage avec une porte ouverte, peindre ensuite quelque chose de joli quelque chose de simple… Euh… quelque chose de beau quelque chose d'utile pour l'oiseau… Euh…*

– *Tu vois que tu cales…*

– *Placer ensuite la toile contre un arbre dans un jardin dans un bois ou dans une forêt. Se cacher derrière l'arbre sans rien dire sans bouger…*

C'est bon, il la connaît par cœur. Le zoo se trouve à Amnéville. C'est à une dizaine de kilomètres. C'est un des plus beaux du pays. Et je m'y connais en zoo. C'est la ville de mon *copain* Jean Kiffer. L'élu le plus dingue de la région. Je dis à Woody qu'on verra demain. Il sait que c'est plutôt bon signe. Il sifflote. Quand on arrive chez mes parents, la nuit est tombée. On ne s'en est pas vraiment aperçu. Ma mère ne nous fait aucun reproche mais roule des yeux en indiquant qu'elles vont être froides. Ses crêpes. À peine le temps de les embrasser, une montagne de crêpes tièdes atterrit dans l'assiette de Woody. Ma mère est une spécialiste des crêpes. Sa spécialité ne tient pas à la finesse de la pâte, mais à son épaisseur. Les crêpes de ma mère évoluent entre la pastilla et la tortilla. Elle les enfourne par petits bouts dans la bouche de Woody qui n'ose trop rien dire. Mon père a sorti un vieux saint-émilion qu'on écluse gentiment avec un peu de jambon et de fromage. Il se plaint des cambriolages à répétition dans le village.

– *Ils viennent même maintenant quand les maisons sont occupées. Tu es en train de dormir et le matin tu te lèves, ils t'ont tout pris…*

Il poursuit sur l'arrêt du dernier haut fourneau de Florange et le trou que ça va faire, si on ne retrouve pas vite une activité de compensation. Il embraie tout naturellement sur le gouvernement et les promesses pour lutter contre les paradis fiscaux.

– *J'aime bien Hollande,* note mon père. *Mais qu'est-ce que tu veux qu'il fasse si les autres en Europe ne suivent pas ?*

Woody s'endort dans son assiette. Ma mère intervient pour dire qu'elle n'aime pas trop sa femme. Elle préférait Ségolène. Je bâille discrètement. Je sais que mon père va revenir sur le sujet qui m'emmerde le plus au monde. En général, il attend un peu…

– Dis-moi, tu les as bien gagnés tes procès ? Alors pourquoi personne ne fait rien ? Pourquoi tu ne t'énerves pas plus contre tous ces types qui nous mentent ? Tu as bien prouvé qu'ils ont ouvert des milliers de comptes dans les paradis fiscaux, qu'ils effaçaient même les traces des transactions… Et on fait comme si tu n'avais rien écrit. Ils les ont vus, tes films, quand même ? Hein ? Ça me dégoûte. Je ne comprends pas comment tu peux garder ton calme…

Mon père va bientôt franchir la barre des 80 ans. Il lui reste deux ans. Il est en bonne forme. Il était électricien à EDF et a franchi toutes les étapes de la promotion interne pour finir ingénieur. Il est à la retraite depuis vingt-trois ans. Il a de la chance, parce que nous, les retraites, il faudra attendre un peu. Il ne s'est toujours pas mis à Internet. Il a un vieux portable de la première génération et un forfait à dix ou quinze euros. Il lit le *Républicain lorrain* tous les matins, passe son temps à faire son jardin et ceux des voisins. Il va aux champignons, à la pêche, aux pissenlits. Il supporte ma mère qui le supporte lui, depuis soixante ans bientôt. Ils se supportent plutôt bien. Malgré plusieurs alertes et cancers qui se révéleront être des faux (sauf un), ma mère est en bonne forme. Elle a quatre ans de plus que lui. Elle fait de la gym et aide ses copines. Elle a été élue miss Rosselange en 1956 et Miss vallée de l'Orne en 1957. Elle a failli devenir miss Lorraine l'année suivante. Mais elle est finalement devenue couturière. Ils se plaignent que leurs enfants et petits-enfants ne viennent pas assez les voir. Je reconnais que je ne suis pas très actif sur ce terrain. Je reconnais que je culpabilise. Quand ils ne seront plus là, je culpabiliserai encore plus. Je reconnais que c'est grâce à eux que j'en suis là aujourd'hui.

– *On parle d'autre chose, papa ?*

– *Je comprends. Mais dis-moi une seule chose : pourquoi ils ne font rien les socialistes ? Pourquoi il a fallu attendre que ce Cahuzac truande pour qu'ils se bougent les fesses ? Hein ?!*

– *Je ne sais pas…*

– *Ils sont achetés c'est pas possible autrement…*

– *Mais non.*

– *Quoi alors ?*

Ma mère est partie coucher Woody. Elle revient et demande à mon père de me ficher la paix avec ses questions.

– *Laisse m'man, ça va…*

Elle regarde la finale de *The Voice*. Et me demande mon avis sur les qualités de voix d'une fille qui a l'air d'une pute avec sa jupe trop courte, ses hauts talons et ses gros seins. Je fais la moue. Elle jure que je n'y connais rien. Elle demande à mon père de parler moins fort parce qu'elle n'entend pas ce que dit Jenifer.

Il propose un whisky. J'accepte.

– *Pour une fois que tu ne roules pas…*

– *Sinon, tu t'es remis à écrire ?*

– *Vaguement…*

– *Et c'est quoi ?*

– *Ce n'est pas encore très clair…*

– *Ça fait longtemps que tu n'as plus rien publié. Tu continues à faire ta peinture ?*

– *Oui.*

Ça l'épate que je me sois lancé dans ce nouveau job. Ce qui l'épate encore plus, c'est que des gens achètent mes toiles. Lui, même dans sa cabane à lapins, il ne les mettrait pas.

– Tant que tu ne fais plus un livre à procès, ça me va. Avec ta mère, on se disait que tu pourrais faire un livre sur Cahuzac. Tu le connais non ?

– Un peu. Mais je crois qu'il n'a pas envie.

– Comment tu le sais ?

– Je lui ai écrit.

– Ah bon…

– Il lui faut un nègre, un type qui ne réfléchit pas et l'aide à sauver son image.

J'ai suscité son intérêt. Mon père veut voir ce que je lui ai écrit. Il ne lâchera pas. Je lui explique le contexte. Chantal, une amie commune, proche de l'ancien ministre, m'a appelé à la mi-temps de France-Espagne. J'attendais une lucarne de Benzema et j'ai eu un appel du pied de Cahuzac. Il était, d'après ma copine, au fond du trou. *Même à son chien il n'a pas osé dire la vérité, il me fait de la peine… Il a envie de témoigner. Je lui ai parlé de toi. Il est vraiment intéressé et m'a demandé de t'appeler. Tu devrais lui écrire un mot. Je lui donnerai.* Je n'ai pas vu le but de l'Espagne ce soir-là. J'ai gratté assez vite un message. Si je ne l'avais pas écrit ce jour-là, j'aurais ensuite trouvé des tas d'excuses pour ne pas lui écrire. Je lis à mon père une partie du mail retrouvé sur mon téléphone portable : *Cher Monsieur… L'idée n'est pas de vous accabler, ni de se lamenter. Mais d'entrer plus encore dans le processus de vérité. Un livre est possible s'il repose sur des bases saines. Et une confiance. Chantal me dit que vous en auriez besoin et envie. Je vous laisse juge. Ce ne doit pas être une confession, ni un lamento. Ce doit être de la littérature. Un texte violent et apaisé qui renvoie au monde la vérité de ce que vous avez vécu. Et qui réfléchit autant au processus personnel qui vous a amené dans ce piège qu'au contexte politique et financier dans lequel notre société étouffe. Bien à vous et pas de bêtises. Le plus dur est passé pour vous.*

Mon père regarde le plafond quelques secondes avant de lâcher :

– *Tu es sympa avec lui. C'est quand même un drôle de type. Je vais te dire quelque chose… Il y a un mot qui ne va pas dans ton mail…*

– *Lequel ?*

– *Violent. Pourquoi que tu lui dis que tu veux écrire un livre violent. Ce gars-là il a envie de tout sauf de violence. Tu aurais dû être plus malin…*

– *Papa je m'en fous. Je n'ai pas du tout envie d'être malin. Ce qui m'intéresse, c'est ce qui s'est passé dans sa tête. Et le contexte politique. C'est un bon test mon mail…*

– *Pourquoi ?*

– *S'il avait accepté, ça aurait signifié qu'il me faisait confiance et voulait poursuivre ce processus de vérité.*

– *Il a refusé ?*

– *Il a dit qu'il réfléchissait à ma proposition. Je viens d'apprendre qu'il a signé un bouquin avec une maison d'édition. Il a choisi l'option facile. Il veut revenir en politique. Il est dans la dénégation. La fille qui le conseille est très forte. C'est la même qui a aidé Strauss-Kahn.*

Mon père est perplexe. Il pense que je suis naïf, que le genre d'animal politique qu'est Cahuzac ne se pose plus la question de la vérité ou du mensonge, du bien ou du mal.

– *Ils ne sont plus comme nous. Ils ont décroché du réel. Ils ne pensent qu'à être réélus et à retrouver leurs bureaux dorés. Tu savais qu'un des meilleurs copains de Cahuzac c'était Woerth. Ça t'étonne ?*

Mon père est victime de ce que les sociologues appellent l'effet de halo. Moi aussi. Un peu. L'indignité de Cahuzac devient celle de ses collègues et se propage à l'ensemble de la classe politique. Il veut savoir ce que je pense *vraiment* de cette situation.

– *Cahuzac fait peur à tout le monde au PS. Il était ministre du Budget. Il était proche de Rocard et de Claude Évin. Il a bossé pour des labos. Il doit forcément être au courant des financements de campagne. Il sait trop de choses,* je fais.

Il acquiesce. Il fallait que j'aille dans sa direction. Je ne lui parle pas de l'appel reçu d'un de mes amis avocats. Cette histoire de livre et de mails entre Cahuzac et moi n'était connue que de trois personnes. Lui, moi et notre amie. J'ai donc été surpris :

– *Alors, il paraît que tu vas faire un livre avec Cahuzac ?* a démarré mon ami avocat.

– *Pourquoi tu me dis ça ?*

– *J'ai de bonnes sources au PS...*

– *C'est n'importe quoi.*

– *Cahuzac raconte que s'ils le font chier, il te balance les dessous de la campagne de 2007 avec en ligne de mire Ayrault et Hollande...*

Cet ami m'a livré quelques détails rendant plausible cette entourloupe. L'hypothèse la plus vraisemblable est que Cahuzac se soit servi de mon mail et de ma proposition, comme menace et objet de chantage. Il a de la suite dans les idées. Je suis fatigué. Ma mère râle parce qu'on parle trop fort. J'en profite pour m'exfiltrer. Je les embrasse et je file à l'étage.

La maison a été rénovée depuis mon adolescence, mais rien n'a vraiment bougé. Les lits, les bureaux, les lumières, les bruits sont les mêmes. Il y a si longtemps que je ne suis plus monté par ces escaliers. Je retrouve mon vieux lit. Woody dort dans la chambre à côté. Il est découvert. Il fait chaud. Je ferme le radiateur et le recouvre. Je n'ai plus dormi là depuis si longtemps. Beaucoup d'objets sont restés en place. Le globe avec le relief de l'Himalaya que je caressais du doigt tous les soirs, la lampe de bureau qui grésille quand on la laisse trop longtemps allumée, les images Panini de footballeur de mon jeune frère, les magazines scientifiques de mon autre frère. Les livres de la bibliothèque verte sur l'étagère de l'armoire derrière la vitre : *Langelot, agent secret* *. Langelot était un jeune espion de 18 ans, orphelin, sous-lieutenant des services secrets français. Sous les ordres du mystérieux lieutenant X, il luttait contre le Dr Chibani, un savant fou, ou contre les mafias comme le *Sphinx*. Sur sa carte d'agent du SNIF (Service national d'information fonctionnelle), il était écrit *solitaire mais solidaire*. Je m'en étais fabriqué une avec ma photo. Ma collection de *Jacques Rogy* ** dans la bibliothèque Spirale, est là intacte. Jacques Rogy était reporter au *Clairon*. Avec son copain René, un ancien boxeur devenu photographe, il *enquêtait sous les eaux, lâchait les chiens, défiait l'Amazonie, courait deux lièvres à la fois*. Je les ai tellement lus et relus. *Bertin, jeune journaliste de la région d'Hyères, signale au quotidien parisien* Le Clairon, *dont il est le correspondant, un curieux fait divers qui émeut, depuis quelque temps, la police locale : chaque nuit, de mystérieux signaux lumineux sont lancés du large. Sur ces entrefaites, Micheline Faget, sténo-dactylo au* Clairon, *vient s'installer sur la côte pour les vacances, avec sa famille. Or, dès la première nuit, elle et son jeune frère, Bob, aperçoivent les signaux… Inquiet de la tournure que prennent les événements, Bob décide d'écrire à Jacques Rogy.* J'avais dix ans. Je me rêvais en reporter intrépide. Avec mon copain photographe Mousty, on est montés tout

* L'auteur de *Langelot* est Vladimir Volkoff.

** L'auteur de *Jacques Rogy* est Pierre Lamblin.

en haut du mont Blanc, on a enquêté sur une secte d'alchimiste, on a traqué une *serial killeuse* à la tronçonneuse, on a couru après un négrier asiatique aux ordres d'un maire corrompu. J'avais oublié à quel point ces livres et ce héros ont joué sur mon imaginaire et ont influencé ma vie. Je suis allongé. Je ne dors pas. Il y a cette odeur de champignons qui sèchent au grenier. Des trompettes de la mort. Le seul bruit qui manque est celui des wagonnets qui transportaient le minerai. Il y a cette chaleur et ce silence si particulier, interrompu seulement par les gargouillis du radiateur en fonte. Ma mère a toujours peur qu'on ait froid.

23.
Je suis un russule taiseux

Le lit est trop petit. Le bruit du radiateur me réveille et me tient en état de somnolence. Je rêve que je pars aux champignons avec mon grand-père et mon copain Ignazzio. Je ne sais pas pourquoi Jérôme Cahuzac et François Hollande nous accompagnent. On cherche des cèpes. Je suis fasciné par les champignons. Mon grand-père m'a initié. Ils sécrètent des enzymes, peuvent vivre dans l'obscurité la plus totale. Ils se nourrissent de pourriture comme de matières vivantes. Ils peuvent tuer ou faire planer. Ils piègent les insectes, pénètrent les entrailles de peupliers centenaires. Il y a deux millions d'espèces de champignons sur la planète, on en découvre de nouvelles tous les jours. Ils portent des noms incroyables. Trompette de la mort, satyre puant, crépidote variable, bolet de fiel, lactaire muqueux. Je peux passer des heures en forêt pour trouver un clitocybe nébuleux ou une pholiote adipeuse. Et les photographier.

Les champignons m'aident à comprendre le fonctionnement des hommes dans leur écosystème. Les champignons aiment les arbres morts. En contribuant à leur décomposition, ils libèrent des substances nutritives qui seront utilisées par d'autres arbres encore verts. Ils transmettent de la vie. Les champignons sont nos croque-morts et nos sages-femmes, nos éboueurs, nos SDF, nos fonctionnaires et nos dealers. Ils sont nos médecins et nos curés. Avec leurs maquillages outranciers ou leur venin amaniteux, ils sont nos putes et nos *serial killers*. Beaucoup ne peuvent vivre qu'au contact permanent de certaines essences d'arbres. Le lactaire détestable adore les épicéas. L'oreille de Judas ne se trouve à l'aise qu'auprès des sureaux. Le phellin tuberculeux n'aime que les pruniers. Ils forment des couples fusionnels et improbables. À l'instar de certains politiques qui ne peuvent vivre qu'aux côtés de leurs sponsors, sans liens apparents. Pourtant, si on les sépare ils meurent. Le champignon disparaîtra toujours avant l'arbre, mais l'arbre finira par sécher ou pourrir sur pied sans le champignon.

Laurent Wauquiez, le « gaulliste social » de l'UMP (il se définit ainsi) est allé chercher de l'argent fin juin 2010 à Londres pour financer son mouvement *Le nouvel oxygène*. Wauquiez était alors le porte-parole du gouvernement et le secrétaire d'État à l'Emploi. Le soir d'un de ses voyages officiels, il a dîné dans un restaurant avec des dirigeants et des traders français de Goldman Sachs, Morgan Stanley, de la Société générale et d'une dizaine de banques et de fonds spéculatifs de la City *. L'objet du dîner était de participer au

* Selon la journaliste du *Point*, Mélanie Delattre (8/7/2010), Laurent Wauquiez dînait ce soir-là au *Mayfair*, dans le quartier des *hedge funds* avec entre autres Nathalie Rachou, investisseuse et administratrice de la Société générale, et les gérants de fonds Pierre-Henri Flamand (ex-Goldman Sachs), Loïc Féry (Chenavari), Emmanuel Roman (GLG), François de Mitry (ICG), Franck Petitgas (Morgan Stanley), Michael Zaoui (Zaoui Capital).

financement de son parti. *Ces gens soutiennent mon action politique et ce n'était pas de grosses sommes*, s'est justifié le ministre qui est allé faire la manche auprès de ceux-là mêmes qui sont à l'origine de la crise financière. Trois mois plus tôt, toujours à Londres, un journaliste de Channel 4 avait piégé trois anciens ministres et un député travaillistes. Le journaliste s'était grimé en lobbyiste cherchant à faire passer une loi favorable à son entreprise. Stephen Byers, l'ancien secrétaire d'État aux Transports de Tony Blair, lui avait annoncé son prix : 5 500 euros par jour pour faire passer cette loi à la Chambre des communes. *Je suis comme un taxi, on peut me louer*, a-t-il indiqué pour expliquer son job de député. Le journaliste a passé l'enregistrement. Byers a dû démissionner. Laurent Wauquiez, lui, reste un candidat crédible à la présidence de l'UMP et est toujours invité dans les talk-shows politiques sans que jamais on ne revienne sur ce curieux dîner de Londres. C'est très robuste un phellin tuberculeux.

S'il était un champignon, Hollande pourrait être un cèpe à tête noire et Cahuzac, un bolet de fiel : *Champignon inconsommable à cause de son amertume qui s'accentue encore à la cuisson, un seul exemplaire de bolet de fiel rend tout un plat immangeable**. Dans mon rêve, des géants comme Google, Facebook, Twitter qui ont émergé en moins de dix ans ont des allures de monstres cyclopeux. Les quotidiens sont plongés dans un siphon. Le journalisme est mal barré. Je ne sais pas comment on arrive à parler de l'Islande. Ignazzio me demande si une pareille faillite pourrait arriver ici. L'Islande a su résister aux diktats des banques. On y a

* *Le Guide des champignons en France et en Europe*, Pierre Roux et Guillaume Eyssartier, Belin, 2010.

fait lire le rapport d'enquête de ses parlementaires sur la faillite bancaire par des comédiens dans des théâtres devant des citoyens abasourdis. On pourrait se retrouver dans la même situation. Les Chinois pourraient venir nous sauver et filer du cash aux banques. Le patron de la banque Lazard a gagné des centaines de millions à restructurer les dettes de la Grèce ou de l'Espagne, en dealant avec les Chinois. Ils feront pareil ici. Hollande et Cahuzac se mêlent à notre conversation et jurent la main sur le cœur qu'ils ne laisseront jamais les Chinois acheter notre économie. Ignazzio enchaîne sur les réussites de l'économie chinoise. Il exhibe son iPhone. Tout s'embrouille.

– *Tu crois qu'Apple serait autant au top si les Chinois ne fabriquaient pas leurs téléphones* ? fait Ignazzio.

Je lui rappelle qu'en Chine les ouvriers se suicident par dizaines dans l'usine qui fabrique les iPhone. Un long silence entre nous. Ignazzio a trouvé un cèpe, mais il est pourri.

– *Tu ne dis rien ?*

– *Je pensais aux Chinois.*

– *Et alors ?*

– *Alors, rien. Je suis un russule taiseux.*

– *Un quoi ?*

– *C'est un champignon. Laisse tomber.*

Les écrivains ont beaucoup à apprendre des champignons. Ils doivent, tels les saprophytes, se suffire à eux-mêmes et renaître après chaque livre. Ils doivent aussi travailler leur style. Samuel Butler disait que le style d'un écrivain était comme une manière de s'habiller. Selon lui, l'homme le plus distingué était celui qui savait choisir ses étoffes, rester discret et rejeter l'extravagance. Ne pas être trop influencé par les modes et le monde extérieur, garder une constance au fil des ans, écouter sa voix intérieure. Discret ne signifie pas terne. Un bon écrivain peut s'habiller en noir et porter des chaussettes jaune citron. Le style se nicherait dans certains détails. *Une écriture dépourvue de style est quelque chose qui tout simplement n'existe pas,* lui répondait Cyril Connolly, un vieux critique littéraire anglais. Pour lui, le style est une relation entre une forme et un contenu. Chaque écrivain posséderait une aptitude particulière à penser et à ressentir. *Quand le contenu est inférieur à la forme, là où l'auteur prétend à une émotion qu'il n'éprouve pas réellement, le langage paraîtra flamboyant. Plus un écrivain se sent incompétent, plus son style devient artificiel.* Sous sa plume, *flamboyant* signifiait *surfait.* Je n'ai aucun goût pour la fioriture ou les arrangements. Chaque jour qui passe, je me demande ce que je fais là, à me creuser la cervelle.

Quand on me demande, en ce moment, ce que je fais dans la vie, je réponds *des films.* Répondre à cette question a toujours été un problème car je n'aime pas mentir. Au début, quand je n'avais écrit qu'un ou deux livres, je répondais *je bricole.* Cette réponse induisait immédiatement des interrogations genre *Ah bon, vous bossez chez Casto ?* Ou *Et vous avez un atelier ?* Ou encore *Justement, ça tombe bien, ma porte de garage ne se lève plus.* À ne pas vouloir me dédire, je me suis retrouvé à réparer la porte de garage de ma voisine. Les moteurs automatiques, quelle plaie surtout par moins quinze. Même si je continuais à aligner les livres et parmi eux quelques romans, à la fameuse question, il m'est longtemps arrivé de répondre que j'étais *journaliste.* Tant que j'ai eu ma carte de presse ou que je travaillais pour un journal, la situation ne me posait pas de problèmes. Ensuite, il y a eu Clearstream. Et on m'a moins posé la question tant la réponse paraissait évidente. J'étais devenu une bête étrange, un cas unique d'emmerdeur. Et puis, ça s'est calmé.

Depuis plusieurs semaines, je lutte contre une tendance à l'étalement de mes doutes. Mon casque sur les oreilles, écrivant la nuit, j'arrive à m'abstraire du quotidien pour raconter mes histoires et retourner vivre aux côtés de mes personnages. Tout n'est pas simple car parfois mes personnages m'ennuient. Je les trouve pleutres. Passer une nuit avec eux ressemble à ces longs moments de beuverie où je traînais dans les bars à boire et à parler avec des connards que je ne reverrai jamais. J'étais un connard parmi des connards. Au matin, je rentrais me coucher. J'allais voir le bébé dans la chambre et je me sentais paralysé. J'étais inquiet pour elle. Je me disais… Putain dans quel monde je t'ai envoyé Loretta. Maintenant que je bois moins et que je ne sors plus, je fais des économies de bar et d'aspirine. Le bébé a grandi et mesure un mètre soixante-seize. Elle vient de réussir son permis de conduire et s'apprête à partir en reportage en Mongolie. Elle veut devenir journaliste ou photographe ou vidéaste. Elle hésite. Elle me reproche de ne pas assez l'encourager :

– Quand tu as commencé le journalisme, des gens t'ont aidé ?

– Oui. J'étais épaté quand je les entendais parler de leur boulot.

– Moi les seuls que je connais, c'est par toi.

– Laisse tomber Loretta. Choisis un autre métier.

– Pourquoi tu dis ça ?

– Tu sais combien de candidats se sont présentés au CFJ de Lille cette année ?

– Non.

– Six cents. Et tu sais combien ont été pris ? Trente. La moitié ne trouvera pas de boulot. L'autre moitié finira esclave sur une chaîne du câble.

– Tu exagères.

– Oui. Mais bon… Qu'est-ce qui te plaît dans ce métier ?

– C'est varié. On rencontre des gens intéressants…

– La plupart des étudiants que je croise rêvent de devenir Claire Chazal ou Hervé Mathoux.

– Tu vois tout en noir papa.

Elle quitte la pièce puis revient :

– Dis-moi un truc, pourquoi est-ce que tu continues à donner des cours ?

– Parce qu'on me le demande. J'essaie de rendre service.

– Tu te moques de moi…

– Non Loretta, je crois que tu es plus douée pour autre chose que le journalisme et que c'est un métier difficile qui tue les créateurs.

– Tu pourrais montrer plus d'enthousiasme.

– Ce n'est pas de toi que je doute mais du système.

– Il n'y a aucun espoir selon toi.

– Le seul espoir c'est le Net mais là c'est la guerre et tu vas courir après des piges ou dépendre d'un chef qui dépendra d'un commercial.

L'Internet a fait exploser les codes informatifs. Les journaux de papier continuent à exister grâce aux aides de l'État. 90 % des médias vivent sous perfusion gouvernementale ou contrôlés par des fonds de pension, des vendeurs d'armes ou de ce qui reste de pétrole. Je ne nourris aucune amertume. Je suis à la recherche d'une forme et d'une issue. Quelque chose d'imprévisible pourrait arriver. Wikileaks est la meilleure nouvelle survenue ces dix dernières années. Wikileaks est subversif. Bradley Manning, le soldat américain qui a informé Julian Assange et lui a livré les secrets des militaires US, mérite un prix Nobel, *ex aequo* avec Edward Snowden, l'employé de l'Agence de sécurité nationale, qui a révélé les écoutes commandées par le Pentagone. Je crois aux sursauts des hommes qui viennent gripper la machine à consentement.

On a parfois l'impression de vivre un rêve éveillé. La limite est de plus en plus floue entre ce qui appartient à la fiction et ce qui appartient au reste. La réalité est inaccessible. Quand on croit la saisir, elle a disparu. Dire le réel c'est approcher la vérité. Le réel est gris et confus. Forcément. Dire le réel consiste à le construire, à le scénariser, à y mettre des intentions. Il devient de plus en plus difficile de faire passer ce qu'on a à dire au plus grand nombre. Les livres qui pourraient être intéressants, ceux qui contiennent des informations, sont relus et réécrits par des chapelets d'avocats et de juristes. Ils finissent aseptisés. Dire le réel est devenu subversif.

Plusieurs de mes copains journalistes filent un mauvais coton. Certains dépriment, d'autres rêvent d'une retraite anticipée. Quelques-uns n'ont pas tenu le choc et le stress et ont disparu. Chaffanjon hier. Il avait mon âge. On s'était connu à Lépanges-sur-Vologne en 1984, envoyés spéciaux permanents. J'étais gratte-papier, lui travaillait dans une radio. Nous ne nous étions jamais vraiment quittés. Un appel de temps en temps. Un déjeuner. Des bières et surtout des cafés. Il se levait avec BFM, s'endormait avec iTélé. Il venait de quitter la direction de France Info pour un boulot plus tranquille. Son cœur a lâché sans prévenir. J'ai pris rendez-vous avec mon cardiologue. Je tourne dans ma tête et dans mon petit lit ces questions sans savoir où cela va me mener. Ce sera une nuit d'insomnie. Je note sur un carnet mon rêve confus et déprimant. Et cette idée que je relirai au réveil en me grattant la tête : *Note F.H…*

24.
François Hollande

Le samedi où la France a battu l'Angleterre en quart de finale du Championnat du monde de rugby, j'ai rencontré François Hollande qui finissait par une visite à Metz son premier tour des primaires socialistes. Metz a été ma ville pendant vingt-cinq ans. Dominique Gros, le nouveau maire, soutient François Hollande parce que c'est *un gars honnête et sympathique*. Il me l'a dit rue Tête-d'Or un peu après la conférence de presse. Une semaine plus tôt, nous avions échangé quelques mails. Il m'avait demandé de rédiger une note pour le *candidat socialiste* sur la lutte à mener *contre les paradis fiscaux et pour capitaliser ce que j'avais retenu de* (ma) *victoire contre les banquiers du Luxembourg*. Les hommes politiques font parfois ce genre de demande. Pour une fois que je pouvais capitaliser contre un banquier, j'aurais été idiot de ne pas réfléchir à cette proposition. J'ai oublié de préciser que je suis *Citoyen d'honneur* de la Ville de Metz. On m'a remis une médaille en même temps qu'à mon copain Yan Lindingre qui dessine des cochons et des cochonnes et avait été taxé d'antisémite* par l'ancienne équipe municipale. C'était juste après ma victoire totale et définitive contre Clearstream au printemps 2011**. Mes parents étaient là, les journalistes du *Républicain lorrain* aussi. On a bu du crémant d'Alsace en grignotant des bretzels. Chacun a fait un petit discours. Moi, pour dire que la ville allait mieux depuis que Dominique Gros avait été élu. Lui pour me féliciter pour ma ténacité et ma *formidable* victoire contre les forces du mal. Yan a fait une blague sur l'école des beaux-arts qui a fait flop mais on s'est bien amusés. Citoyen d'honneur, ça en impose.

Je me suis dit que si ma note à François Hollande pouvait aider à la cause des opprimés et faire passer deux ou trois idées, ce n'était pas plus mal. Je me suis fait suer. Écrire un livre, un article, une lettre de réclamation à Darty, je peux m'en sortir. Mais une synthèse argumentée pour un futur président de la République, c'est nettement moins évident. Je la voulais la plus concrète possible. Je l'ai titrée

* Dans sa série *Titine*, tous ses personnages ont des têtes de cochon. L'un de ses albums mettait en scène son héroïne dans un vernissage. On y voit une convive à fort accent allemand courtiser l'artiste. Éconduit, ce personnage se met à vociférer. Dans la bulle afin d'appuyer l'accent germanique, une petite croix gammée. Il n'en faudra pas plus pour limoger Yan de l'école des beaux-arts où il était prof. Pour antisémitisme. Devant l'incongruité de l'accusation, le motif de licenciement se transformera en « insuffisance professionnelle ». Yan sera viré pendant dix-huit mois jusqu'à la défaite aux municipales de 2008 de Jean-Marie Rausch et l'arrivée de Dominique Gros.

** Dans un arrêt du 1er février 2011, après dix années et plus de soixante procédures, la Cour de cassation indique que mon enquête est « sérieuse, de bonne foi et sert l'intérêt général ». Clearstream est définitivement déboutée de ses plaintes. Plus aucun de mes documentaires et livres sur le sujet ne peut être considéré comme diffamatoire.

Note pour François Hollande et scindée en quatre parties. Dans la première, *Les constats*, j'explicitais l'influence des banques dans la crise traversée depuis 2008. *Sur ces sujets, les discours politiques sont peu innovants. Ça rabâche. Ça manque d'éléments concrets et compréhensibles du public. Cette question marque un clivage entre droite et gauche et nourrit un débat peu audible à l'intérieur de la gauche. L'image que vous renvoyez n'est pas celle de quelqu'un de très offensif sur ce thème.*

Chaque mot était pesé. Je militais pour un discours original. J'essayais de me mettre dans la tête de François Hollande. L'énarque qui déboule dans le circuit avec l'étiquette et l'allure du Poulidor du peloton. DSK avait lâché l'affaire depuis peu. François Hollande avait réussi à éliminer Martine Aubry et son ex-femme Ségolène Royal. Il faisait la course en tête, entouré d'une meute de plus en plus imposante de conseilleurs et de courtisans. *La question de la lutte contre la finance peut devenir déterminante dans le débat si elle est abordée d'une manière forte, sereine et pragmatique.* Son gros avantage était de se retrouver face à Nicolas Sarkozy. Sur cette question financière, le président sortant avait trop soutenu les banquiers. Plus que sur n'importe quel autre sujet, il apparaissait comme un bonimenteur. L'homme d'un système financier prêt à sauver les banques et les banquiers au détriment des salariés et des Français. François Hollande devait l'attaquer frontalement et sans faillir sur ce sujet.

La deuxième partie de ma note, plus longue et sobrement intitulée *Raisonnement*, posait en préalable un enjeu : l'impossibilité de régler cette question à la seule échelle du pays. *La solution aux problèmes posés par les évasions de capitaux et l'assèchement des États ne peut être que nationale ET européenne.* C'était facile à expliquer. Je reprenais les arguments de l'Appel de Genève et la création d'un espace judiciaire européen. Les criminels financiers ont des Ferrari et ils ne s'arrêtent jamais à la douane. Les juges roulent à vélo et doivent montrer leurs papiers dès qu'ils quittent leur pays. J'alignais plusieurs évidences que les politiques avaient tendance à oublier. Par exemple : *On a trop laissé les banques se contrôler elles-mêmes* ou *Les paradis fiscaux sont des leurres.*

Une note permet toutes les petites phrases. L'espace d'un moment, vous êtes Mazarin, Richelieu, Cyrano…

– *Il faut réfléchir autrement mon Roi. Penser à ce qu'est la circulation de l'argent, à la matérialité des échanges financiers.*

– *Je ne comprends pas.*

– *Aujourd'hui, les valeurs circulent électroniquement sur toute la planète. Il n'y a plus aucune frontière, aucun contrôle. Ça fonce, ça fuse, ça enrichit certains comptes dans ces paradis judiciaires et bancaires. Mais il n'y a aucun déplacement physique. Tout est dématérialisé.*

– *Virtuel donc ?*

– *Que nenni. La virtualité désigne un monde qui ne serait pas. Ici, les flux, les sommes sont bien réels…*

– *Mais que faire alors mon bon Cardinal ?*

– *Ne pas vous planter mon Roi et attaquer le lard.*

– *Le lard ?*

Sur le papier, cela me paraissait d'une grande simplicité. C'était un peu comme si j'avais pu taper sur l'épaule de François et lui souffler à l'oreille : *Tu as une chance unique avec cette élection de nous redonner de l'espoir et du courage. Il faut s'attaquer aux outils qui permettent ces transactions. Ce que les traders appellent le « back-office ». Il y a des endroits où l'on peut voir « passer » les flux. Les quantifier. Les encadrer. Il y a des pompes qui alimentent les paradis fiscaux. Il existe une « traçabilité » des échanges. C'est à cela qu'il faut s'attaquer. Ce n'est pas si compliqué ni virtuel qu'on te le raconte. Vas-y, fonce mon gars.*

Je lui livrais ma conception de la circulation des valeurs, tentant un parallèle entre les autoroutes financières et les autoroutes de bitume. *Il faut des radars et des contrôleurs dans les deux pour freiner les excès.* Le cœur du raisonnement s'articulait autour de deux idées. La première : *L'univers bancaire, à force de dérives et d'absence de contrôle, a créé des poches d'opacité. C'est là que se joue d'une manière ultime l'escroquerie.* La seconde : *Ce qu'on appelle* mondialisation financière *se résume à la fabrication très élaborée d'une jungle où seuls les prédateurs s'y retrouvent. Les peuples et les États sont démunis face à ce problème.*

– Sauf si vous, Sire, décidiez d'y mettre bon ordre...

Je ne me suis pas contenté de râler. Je proposai à François Hollande *des solutions.* C'était ma troisième partie. Elle tournait autour de l'entrée d'actionnaires publics dans les conseils d'administration des banques et d'un contrôle indépendant des outils de transfert et d'archivages des transactions *. Dans une dernière partie, *Les arguments*, je livrais

* En Europe, trois multinationales se partagent le juteux et discret commerce de ces transactions financières. Elles sont la propriété des banques ou des Bourses. Elles sont en situation de monopoles. Swift et Euroclear ont leur siège à Bruxelles. Clearstream a son siège à Luxembourg. Clearstream et Euroclear se partagent le marché mondial de ce que les Anglais nomment « le clearing » qu'on peut traduire par le règlement et la livraison de produits financiers. Toutes les banques ont des comptes dans ces sociétés. Mais on y trouve aussi

à François Hollande des slogans clés en main, quelques chiffres et une description rapide et actualisée de la finance parallèle*. Je concluais par un message plus personnel : *Bon j'arrête là. C'est ma première note pour un homme politique. Je vous souhaite d'être élu et de mettre en application ces quelques idées.*

Dire que je lui souhaitais d'être élu ne signifiait pas que j'allais voter pour lui. J'aurais très bien pu voter pour un autre candidat et rédiger quand même une note. J'aurais pu glisser un *Amicalement*, mais ce n'était pas mon ami et la formule aurait fait un peu lèche-cul. *Bien cordialement* me paraissait trop froid. *Bien à vous*, un peu banal. Après m'être creusé, je décidais de ne rien mettre et d'appuyer sur la touche *Envoi*. Je me suis très vite demandé si je n'étais pas en train de faire une connerie. Mais c'était trop tard, le coup était parti.

J'ai donc croisé François moins d'une semaine après l'envoi du mail. Le jour de France-Angleterre en rugby. L'avait-il lu ? Visiblement, oui. Nous avons discuté quelques

des sociétés *offshore* et des multinationales. Clearstream a déclaré en janvier 2011 11,4 trillions d'euros de valeurs enregistrées dans « ses coffres-forts électroniques ». (...) En contrôlant leur gestion, en créant des « brigades de contrôle », on régule vraiment le capitalisme.

* André Lussi, le P.-D.G. de Clearstream viré à la suite de mon enquête, a admis que sa banque était « la banque des banques », qu'ils étaient « les notaires du monde » et que chez eux « tout était tracé ». Il y a 107 pays représentés chez Clearstream dont 42 paradis fiscaux. Un système a été mis en place d'effacement de traces de transactions. On est face à l'édification d'une finance vraiment parallèle dont on peut pour la première fois cerner les contours.(...) La Cour de cassation, en me donnant raison, a avalisé mon travail (arrêt de février 2011 qui fait jurisprudence).

minutes à la sortie du *Ruby*, un café de la place Saint-Louis au centre de Metz. Une foule très dense et des dizaines d'élus socialistes aux sourires longs comme des jours de paie entouraient l'édile. Saint François touchait les mains, caressait les cheveux. Le favori des sondages portait un très joli costume en tissu léger, bleu marine et du fond de teint à cause des caméras. Il était sympathique, accessible, semblait fragile et habité par une nervosité qui lui faisait rouler les yeux de gauche à droite sans se poser sur vous. Il est un peu plus grand que Nicolas Sarkozy et nettement plus petit que moi. J'ai salué Dominique Gros, Aurélie Filippetti et Bertrand Mertz, le maire de Thionville. Ils soutiennent tous François Hollande ici en Moselle. J'étais mal rasé et engoncé dans mon vieux pull Agnès B, avec une écharpe froissée et des Adidas défraîchies. Quand je rencontre un présidentiable, je devrais être plus classe. C'est ce que j'ai senti dans les yeux d'Aurélie.

– *Oui mais moi je ne rêve pas d'être ministre*, j'ai pensé.

François m'a félicité pour ma note. *Je l'ai lue. C'est très intéressant*, a-t-il dit. Je ne suis pas sûr qu'il était sincère. Il m'a interrogé sur les suites de mon enquête et sur les banques. Je lui ai répondu que le Parti socialiste était mou du bulbe sur ces questions. Il en a convenu et m'a soufflé : *On pourrait se revoir plus tranquillement pour en parler.* J'étais d'accord, je lui ai laissé le choix des dates et il a filé vers une bande d'élèves ingénieurs excités qui hurlaient des chansons paillardes. En les quittant, je me suis dit que j'étais bien content d'être écrivain.

Je suis allé acheter du thé au *Printemps*, des tee-shirts chez *Célio*, un livre sur Einstein et deux CD de musique classique, un opéra de Haendel et un oratorio de Bach chanté par un contralto et un castrat. Puis je suis allé boire un verre chez mon copain Ignazzio. On a parlé des développements de son enquête sur la pornographie, de la campagne électorale, de Nicolas Sarkozy, de l'université de Metz, d'Adorno et de sa théorie sur l'industrie culturelle, de football et de rugby. Le père d'Ignazzio est prof de technologie retraité et président des anciens combattants d'Algérie. Il est d'origine italienne, non violent et antimilitariste. Il veut surtout aider les vieux appelés de ces années de guerre à toucher des pensions. Je parle de lui au présent car il n'était pas encore mort ce jour-là. On ne lui avait détecté aucun cancer. L'église de Lexy, près de Longwy, ne se doutait pas que deux ans plus tard elle serait envahie par des milliers d'anciens combattants d'Algérie pleurant le meilleur des leurs, ni qu'Ignazzio lirait devant l'autel et les drapeaux un texte à la manière de Georges Perec. Je n'avais jamais vu autant de monde et autant de drapeaux dans une église.

Je me souviens que lorsque sonnait le générique de la série Le Saint, *j'étais heureux parce que j'entendais le moteur de sa voiture, je savais qu'il rentrait de Troyes où il occupait un de ses premiers postes de professeur. C'était l'une des rares fois dans sa vie où il était à l'heure. Je me souviens qu'à 17 ans, il m'autorisait à sortir la Mercedes du garage. Un jour, j'ai arraché tout le côté gauche. Il est accouru et m'a simplement dit : « Tu n'es pas blessé ? » Je me souviens qu'on ne pouvait aller nulle part sans qu'il connaisse quelqu'un. Il ne disait rien de sa guerre en Algérie, sinon une odeur douce d'orangeraie. Je me rappelle que lorsqu'il est entré à l'hôpital, il a pris avec lui les romans d'Albert Camus.*

Je lui ai raconté ce jour-là ma rencontre avec François Hollande et lui ai dit la difficulté que j'avais à écrire mon livre.

– *Je n'ai même pas de titre*, ai-je fait.

On a ensuite parlé du match de rugby et de l'essai de Maxime Médard.

– *C'est fou ce que Médard ressemble à Volvorine,* ai-je ajouté. *Tu connais* Faire l'amour, *le roman de Jean-Philippe Toussaint ? J'adore ce titre. Il faudrait que j'en trouve un pareil.* Faire de la politique…

Ça turbinait entre mes deux hémisphères. Ignazzio a dû se demander si je ne couvais pas une mauvaise grippe.

– *Faire la politique, c'est pas mal, non ? C'est mieux que faire de la politique*, a proposé Ignazzio. *On devrait faire la politique comme on fait l'amour. En servant l'autre avant de se servir.*

On s'est regardés en souriant. On a dû penser à la même chose en même temps. François Hollande, Martine Aubry, Nicolas Sarkozy, Carla Bruni, Jean-Luc Mélenchon et Marine Le Pen se sont mis à défiler devant nous, le regard torve, la mine implorante. Je l'ai regardé et j'ai demandé :

– *La dernière fois que tu as fait l'amour, c'était quand ?*

– *Y a pas longtemps,* a répondu Ignazzio.

– *Et alors ?*

– *Alors quoi ?*

– *Ben tu as pensé uniquement à servir l'autre…*

– *Ouais,* a réagi mollement Ignazzio.

J'étais persuadé qu'il me baratinait.

J'ai revu François Hollande à deux reprises après son élection. Chaque fois, il a été souriant, voire chaleureux, et m'a proposé un rendez-vous sans fixer le jour et l'heure. J'ai également entretenu une correspondance agréable avec un de ses conseillers. Je n'ai pas entrepris ces démarches pour me faire mousser ou pour obtenir un quelconque avantage. Je voulais faire avancer ma cause. La cause du peuple. Celle que François Hollande avait défendue dans son discours du Bourget. Un discours décisif où s'est jouée une partie de l'élection. C'était le 22 janvier 2012. Deux mois après ma note. Un copain m'avait envoyé le discours pour avis juste avant. J'étais devant ma télé.

Dans cette bataille qui s'engage, je vais vous dire qui est mon véritable adversaire. Il n'a pas de nom, pas de visage, pas de parti, il ne présentera jamais sa candidature, il ne sera donc pas élu, et pourtant il gouverne. Cet adversaire, c'est le monde de la finance. Sous nos yeux, en vingt ans, la finance a pris le contrôle de l'économie, de la société et même de nos vies. Désormais, il est possible en une fraction de seconde de déplacer des sommes d'argent vertigineuses, de menacer des États. Cette emprise est devenue un empire. Et la crise qui sévit depuis le 15 septembre 2008, loin de l'affaiblir, l'a encore renforcée. Face à cette finance, les promesses de régulation, les incantations du « plus jamais ça » sont restées lettre morte. Les G20 se sont succédé sans résultat tangible. En Europe, seize sommets de la dernière chance ont été convoqués pour reporter au suivant la résolution définitive du problème. Les banques, sauvées par les États, mangent désormais la main qui les a nourries. Les agences de notation, décriées à juste raison pour n'avoir rien vu de la crise des subprimes, décident du sort des dettes souveraines des principaux pays, justifiant ainsi des plans de rigueur de plus en plus douloureux. Quant aux fonds spéculatifs, loin d'avoir disparu, ils sont encore les vecteurs de la déstabilisation qui nous vise. Ainsi, la finance s'est affranchie de toute règle, de toute morale, de tout contrôle.

Dix-huit mois se sont écoulés. François Hollande n'en a pas grand-chose à faire de la lutte contre la finance ou les paradis fiscaux. Sinon il s'y serait pris autrement. Il a cédé sur ce terrain, comme il a cédé face à Lakshmi Mittal à Florange. Son discours du Bourget était une promesse de campagne. L'affaire Cahuzac l'oblige à replonger dans ce défi lancé contre ce qui était une abstraction. En invectivant *la finance,* en ne nommant pas les banquiers ou leurs affidés, en ne s'attaquant jamais concrètement au problème des évasions de capitaux, François Hollande prend peu de risques. Il la joue petit bras. Le sujet l'ennuie, l'accable. Il n'est pas à l'aise avec ces questions, coincé comme il doit l'être entre la CGT et le CNPF, entre les prolos et les énarques, entre son aile gauche et son aile droite, entre les aspirations du peuple et les directives de Bruxelles, entre Merkel et Obama, entre le fantôme de Mitterrand et celui de Mendès France, entre son ambition et son emploi du temps. François temporise, joue la montre. Il perd du temps, chute dans les sondages. Il fait de la politique. Il ne fait pas la politique. Les banquiers restent les plus forts.

25.

Happy days

Le réveil est difficile. Woody vient me tirer du lit à 10 heures. Il est en forme pour deux. Il négocie le programme de la journée, me reparle des gorilles d'Amnéville. Il me récite Prévert.

– *Je veux bien aller au zoo mais avant on passe à Rosselange*, je fais.

Woody est d'accord. On finit les crêpes. On embarque des légumes et des fruits du jardin. Et on démarre. Rosselange est un gros bourg au milieu des anciennes mines de fer. J'ai promis à mes parents d'emmener Woody porter des fleurs sur la tombe de ses arrière-grands-parents. Une moitié de ma famille est italienne. Je dois aussi voir un vieil oncle et des amis. J'ai toujours en tête le refrain obsédant du générique d'*Happy days*. Il ne me quitte plus. Fonzie. Milwaukee. *Monday, Tuesday, happy days*. Les Cadillac. Et cette phrase de Tom Wolfe : *L'investigation est un art, soyons en quelque sorte des artistes.*

À Rosselange, plus de mine, plus de fer mais des Ritals endimanchés qui marchent vers le cimetière. J'en suis. Mon fils porte un pot de fleurs jaunes et une casquette Gap. Je rejoins mon *zio** Guido, 82 ans, ancien mineur, joueur de pétanque à l'œil vif, ailier du FC Jœuf, là où a débuté Platini. Guido a failli jouer au FC Metz. Ma grand-mère vivait ici avec mon grand-père. Ils sont venus avec la vague d'Italiens d'avant-guerre creuser la terre pour dénicher le minerai, puis le fondre et l'envoyer de l'autre côté de la vallée vers les hauts fourneaux de Florange et d'Hayange, puis les laminoirs. C'était simple, matériel, visible. Les voitures, les tanks et les boîtes de Coca sont faits de la sueur de ces hommes-là. La richesse des Wendel, les maîtres des forges, et du baron Seillière leur rejeton, aussi.

– *On fabriquait quelque chose, on creusait le sol, aujourd'hui dis-moi ce qu'ils font pour gagner leur vie ?* Guido fait les questions et les réponses. *Ils mettent leurs économies à la banque et ils prient le Bon Dieu,* dit-il.

– *Ils font aussi des musées,* je glisse.

Après le musée du charbon, après le haut fourneau enguirlandé d'Uckange, les pouvoirs publics, poussés par des associations d'anciens mineurs et de nostalgiques de la sidérurgie, ont ouvert à Knutange un musée du fer. On dépense beaucoup d'argent pour édifier des temples à ces souvenirs de plein-emploi. Quel aveuglement nous pousse à déifier ce passé plutôt qu'à inventer l'avenir ?

Ma grand-mère Rosa tenait une pension de famille. Son quartier a résisté à soixante-dix ans d'urbanisation. Les Ritals se sont mariés, ont fait des enfants, des petits-enfants, des arrière-petits-enfants. Ils ont proliféré. Les maisons sont plus jolies. Le cimetière est au milieu de la cité, légèrement en hauteur. Ma grand-mère faisait sa *pasta asciuta* sur de la

* Oncle.

terre battue, elle a migré ensuite vers le bas du village dans une maison en carrelage avec vue sur l'Orne et la nationale. Elle a fini sa vie en haut du village dans le studio d'une résidence pour vieillards. Quand ma mère allait la voir, j'apportais mes petites voitures, mes soldats et je jouais sur le Dalflex de la cuisine pendant des heures. J'imaginais des guerres entre la France et l'Italie. Ça sentait l'ail et la tomate. Je dessinais beaucoup. Je recopiais sur des feuilles de cahier de dessin les épées et les bâtons de *scopa*, les cartes à jouer italiennes. Mon oncle Florio m'apprenait à dessiner entre deux séjours en hôpital psychiatrique. Il prenait des cachets pour calmer ses nerfs. On disait de lui qu'il était fou. Je le trouvais gentil, attentionné et patient avec moi. Il écrivait parfois sur mon cahier de longues équations auxquelles personne ne comprenait rien. Sauf lui. Et moi.

– *Il y a tous les secrets du monde là-dedans,* disait Florio.

Dans mes toiles aujourd'hui, j'essaie de mettre le monde en équation. Cette intuition m'est venue au fil des jours passés dans l'atelier. Chaque toile en appelle une autre qui la suit, la complète, l'inscrit dans un mouvement plus large. L'art évite les controverses inutiles. Tout est sur la toile, y compris ce qui n'y est pas. Petit, je crayonnais avec Florio dans les marges de mes cahiers. Ensuite, le journalisme et l'écriture ont occupé le terrain. Mon premier ingrédient, ce sont les mots, leur texture plus que leur sens immédiat. Par exemple : *interlope*. Je peux faire une toile avec ce seul mot. Ma matière, c'est l'enquête, le pouvoir, la solitude, nos renoncements. Je cherche des signes d'espoir. Cette matière est hyper-contemporaine. Je suis parti d'un malaise et d'une intuition. Au cœur d'une affaire d'État, balancée entre les mensonges des uns et les pressions des autres, mon histoire personnelle prenait une tournure si complexe qu'aucun article ou film ne pouvait la rendre intelligible. Un de mes livres avait été interdit à la vente. Cela a sans doute été le déclic. J'avais tendance à sacraliser les livres. J'ai croisé des escrocs, rencontré des espions, côtoyé des vendeurs d'armes, des hackers, des banquiers. Je me suis fait descendre par des journalistes, lâcher par des politiques, mettre en examen par des juges. Ce barnum devenait si improbable qu'il me fallait faire un pas de côté et trouver un ressort inoxydable. Une impulsion qui me fasse à nouveau planer légèrement au-dessus du monde. Comme en apesanteur.

J'ai commencé par imprimer des listings bancaires sur des toiles. Puis j'ai écrit sur ces listings si calibrés, codés. La confrontation de ces deux univers – le langage numérique du *back-office* financier, mon écriture hésitante – créait un paradoxe. Une émotion. C'est le début. L'intuition. Mon histoire quittait le champ politique pour devenir artistique. Mes premières toiles étaient comme les pièces d'un puzzle géant qui esquissait une représentation du pouvoir, de la finance, de la compromission des hommes travaillant à son service. J'ai ensuite travaillé en utilisant des matériaux de récupération, les transformant, m'inscrivant sur des images du monde. J'ai poursuivi mes explorations sur une matière plus intime. Mon cortex. Puis je suis revenu à « mes plans ». Un fond noir. Des cases bordées de blanc. Des mots. Des signes. Des pensées. Des ratures. On peut aussi écrire par ce biais. Sur ces espaces nouveaux. L'art devient média. Je ne sais pas comment le dire autrement.

Nombre de ces vieux Italiens sont morts. Guido tient le choc. Sur les tombes du cimetière, rien que des Fratesi, Gaudenzi, Faracchi, De Sica, Vorillio. Des Retildo, de Nello, des Etsio, des Carla, des Sylvana, des Alma, une Brunetta.

Leurs fantômes. Ceux de ma grand-mère Rosa et de mon grand-père Lazare.

– *Bientôt la mienne*, dit Guido en tapant sur l'épaule de Woody qui commence à se demander pourquoi je l'ai amené là.

Guido insiste pour que nous allions manger une pizza chez Mama Lea. Je lui dis que c'est impossible. *Zio* est dépité. Il a promis à son ami Etsio que je déjeunerais avec eux. Et c'est difficile de résister à Etsio.

– *Il veut te voir...*

– *Pourquoi ?*

– *Je ne sais pas mais ça avait l'air important. Viens ce soir, ce sera encore mieux,* fait mon oncle Guido.

Etsio est une sorte de parrain et de bienfaiteur pour toute une colonie d'Italiens vivant entre la vallée de l'Orne, la région de Longwy, la Belgique et le Luxembourg. Difficile de refuser une de ses invitations. Je promets à mon oncle que je passerai le prendre en soirée. Il propose, avant que je parte, d'aller voir sa femme à la résidence du troisième âge. Elle est dans une chaise roulante. Il dit qu'elle *n'est pas Alzheimer*. Je pense le contraire. Il n'insiste pas. Je dis à mon oncle que je suis désolé, et on l'embrasse.

Je ne prends pas la nouvelle route qui longe l'Orne. Je préfère traverser les paysages de mon enfance, Clouange puis Vitry et Gandrange avant de bifurquer vers Rombas. Il y a encore quelques commerces ici, un vendeur de télé, un cabinet d'esthétique. La clientèle est plutôt âgée. La plupart des cités du coin sont socialistes ou communistes, sauf Amnéville. Beaucoup d'habitants travaillent au Luxembourg. L'immobilier a chuté. La fermeture de l'usine de Gandrange dix ans après l'arrêt du haut fourneau de Rombas n'a rien arrangé. La plupart des boîtes étrangères comme Panasonic, JVC ou Daewoo ont fui. *Le rapport de force est très favorable aux investisseurs, car nous sommes demandeurs. Nous avons absolument besoin des systèmes de subventions pour les faire venir,* résumait Gérard Longuet, alors président de Région *. Ces multinationales étaient venues, au milieu des années 90, créer des filiales de montage de téléviseurs, de magnétoscopes ou de lecteurs DVD pour compenser les pertes d'emplois de la sidérurgie. Elles ont pris les primes et se sont sauvées au bout de cinq ou six ans. Elles sont allées se délocaliser vers l'est pour fuir à nouveau. Aujourd'hui, elles sont en Chine ou en Indonésie. On a fini par leur donner un nom tellement le phénomène était répétitif. *Les usines Tournevis.* Aussitôt montées, aussitôt démontées.

Sur les technopôles de Metz et Nancy, on continue pourtant à former des ingénieurs qui peinent à trouver des débouchés sur place. Le dernier gros investissement en Lorraine remonte à la fin des années 90, quand Mercedes a investi 400 millions d'euros pour fabriquer sa *Smart*, la petite voiture en plastique. Deux mille emplois ont été créés. Le seul projet qui fasse encore espérer les Mosellans et le conseil général à majorité UMP est le lancement d'un parc industriel franco-chinois avec trois mille emplois à la clé, à Illange, entre Metz et Thionville. Mais, du Front national au Parti socialiste, les méfiances sont nombreuses. *La vraie question, c'est : pour 3 000 emplois qui vont être créés, combien vont être détruits chez nous ?* s'est inquiétée Françoise Grolet, conseillère régionale FN. Le conseiller général de Florange socialiste, Philippe Tarillon, craint lui

* In « Amère normalisation en Lorraine », *Le Monde diplomatique*, octobre 1997.

un *effet destructeur* du projet sur l'économie de la région *. Vol de brevets, dumping, main-d'œuvre moins chère en Chine, les élus lorrains ne sont pas tous persuadés que le combat soit équilibré. Et le gain à court terme, rentable à long terme.

La Lorraine est une des régions les plus massacrées par le capitalisme financier, sa capacité d'infiltration et de désintégration du tissu humain. Elle est à l'épicentre de la crise industrielle. Il y a en Lorraine des blessures dans le sol et dans le cœur des hommes, des paysages et des populations sacrifiées. Pas seulement les friches industrielles, mais aussi les terres agricoles. Quand on prend le train pour Paris et qu'on quitte Metz pour traverser une partie de la Meurthe-et-Moselle, puis la Meuse et entrer en Champagne, la vitesse fait entrevoir l'immensité du désert agricole lié à la monoculture céréalière. Plus d'arbres, plus de vaches, plus de haies, de ronces, d'oiseaux, d'animaux. C'est *Monsanto Land* **. Rien que des plaines à céréales polluées par les pesticides. Si on voulait repeupler la terre d'arbres, le sol est tellement farci de poison qu'il faudrait un siècle avant de revenir aux cultures d'avant. On se gausse parfois d'Haïti ou des destructeurs de forêts en Amazonie. À notre échelle, on n'a pas grand-chose à leur envier.

La Lorraine, et ses vallées industrieuses de l'Orne, de la Fensch ou plus au nord de la Chiers, c'est un peu la France

* Reportage sur France Info le 8 mars 2013, « Pourquoi les entreprises chinoises font peur ? »

** Du nom de la multinationale agroalimentaire américaine qui vend des pesticides comme le Roundup ou des engrais dont deviennent dépendants les paysans. Voir à ce propos les enquêtes remarquables de Marie-Monique Robin.

d'après, la France qui a morflé, déprimé, mais qui finit par vivre sans se préoccuper des discours et des promesses politiques, une France groggy de mauvais coups, cherchant sans arrêt à se relever et à avancer. Pas exactement celle soumise et d'en bas imaginée par Raffarin. On fabrique en Lorraine (*Lothrigen* en francique lorrain) des vélos en bois, des voitures en plastique, des carafes en cristal, des confitures de mirabelle, de l'électricité photovoltaïque, des pulls Bergère de France. Des étudiants y rêvent de webjournalisme. On y ouvre des caves à vins, des cabinets d'esthétique aussi avec de nouvelles cabines à UV. On s'y presse à Clouange en ce début de printemps ensoleillé. Des ingénieurs inventent des voitures sans essence. Et des avions *low coast*. Mais ce projet-là est mort en avril 2013. Faillite du rêve Skylander, ce petit porteur qui devait sauver l'emploi et l'image du pays *.

Les paysans meusiens engraissent des bœufs pour les revendre aux Parisiens et aux Luxembourgeois. Des restaurants ferment par manque de clients capables de lâcher 8,90 euros pour un steak, quelques frites et un quart de rouge. D'autres apparaissent mais jamais pour longtemps. Par contre, les snacks et les kebabs fleurissent. Dans les bistrots, on picole moins depuis que les flics ont mis des radars et des caméras de surveillance aux carrefours et à la sortie des villages. Les discothèques ont déserté les centres des villes et les meutes du samedi soir dansent en cage dans les zones commerciales périphériques. Les tribunaux

* Skylander est le nom d'un projet d'avion *low coast* et petit porteur qui a bénéficié d'importantes aides de l'État et du conseil régional de Lorraine avant de se révéler être une arnaque.

des quatre départements voient grimper la courbe des faillites et les chambres de commerce baisser celle des créations de sociétés. D'année en année. Les paysans, victimes du dumping des hypermarchés, sortent leurs fourches et leurs tracteurs pour bloquer les autoroutes. On pourrait croire que la grande distribution se goinfre avec toujours autant d'avidité. Même pas. Les allées des hypermarchés se vident, au profit des discounters allemands qui vendent de la bouffe pour pauvres et des croquettes pour chats que même les chats n'en veulent pas. Je sais de quoi je parle, j'ai testé les croquettes de chez *Lidl*. Mon chat a failli en crever. Chez *Intermarché*, le foie gras était en solde à trois jours de Noël cette année. Ce qui est mauvais signe. Le nombre d'obèses grimpe au rythme de celui du Revenu de solidarité active. Les militaires se font la malle. On vient de fermer l'antenne médicale, le régiment d'artillerie, la base aérienne. Le centre de chirurgie cardiaque du nouvel hôpital est mal en point. Il vaut mieux ne pas être vieux et pauvre quand on a des problèmes de palpitant ici. Les cigognes qui migrent vers l'Alsace vont cette année pouvoir faire leurs nids sur les hauts fourneaux de Florange.

Malgré les promesses du nouveau gouvernement, les professeurs et les instituteurs tirent une tronche de plus en plus longue à mesure que tombent leurs fiches de paie. Les salles des profs restent des pétaudières. Les enfants continuent pourtant à aller à l'école en souriant, portant leurs lourds cartables, rêvant de devenir Batman, pompier, médecin ou avocat. Alors que la majorité finira stagiaire ou chômeur. Cette affirmation est un pronostic reposant sur l'air du temps et les statistiques de Pôle Emploi. La tendance lourde dans les quatre départements est à la rechute permanente *. N'empêche. Les écoliers sont souriants. Ils portent de lourds cartables. Ils rêvent d'une vie facile. J'étais à Haïti à la fin de l'année 2009, quelques mois avant le tremblement de terre. Je regardais les enfants dans leurs uniformes courir vers leur école sur des trottoirs défoncés. Leurs sourires éclatants, leurs petits uniformes bleus, la chemise aussi blanche que les dents.

Je cherche des signes d'espoir. Les vendeurs de fleurs perpétuent tant bien que mal la tradition. Les fleuristes ne ferment pas et les vendeurs de roses itinérants maintiennent à flot leur business en traquant les amoureux dans les restaurants. La vie continue. Les jeunes retraités du charbon avalent leurs plaquettes de Prozac comme des carrés de chocolat. La file de demandeurs d'emploi gronde devant l'agence de la rue Gambetta. De l'autre côté de la gare, une foule de plus en plus clairsemée arpente les dalles du nouveau musée, dont les lumières s'éteignent à 20 heures faute de crédits suffisants. Ils ont mis tout leur blé dans les murs et les tableaux de la première expo et il n'en reste plus beaucoup pour les factures de gaz, de photocopies et d'électricité. C'est un peu comme chez moi. Je craque dix mille euros

* Selon Pôle Emploi, le chômage avait augmenté en Lorraine de 7,3 % en 2012. L'augmentation était de 9,8 % à la fin du premier trimestre 2013 (toutes catégories confondues). Le taux global de chômeurs par rapport à la population active était de 11,3 % (le département le plus mal loti est celui des Vosges avec 12,2 %, celui dont le taux augmente le plus vite, la Moselle avec 10,4 %). La population la plus touchée est celle des jeunes hommes de moins de 25 ans. Leur nombre a augmenté de 14,9 % en un an. En France, la courbe du chômage atteint au même moment son plus mauvais chiffre depuis quinze ans. 10,4 % de la population est au chômage, hors DOM-TOM. Et 10,8 % si l'on prend en compte les DOM-TOM.

pour une nouvelle chaudière et je coupe les radiateurs avant d'aller me coucher. J'ai prévenu Woody qu'on entrait dans une nouvelle phase. Une période un peu plus compliquée où nous allions devoir faire attention. La récession risque de durer. Et puis s'habituer au froid est bon pour la santé.

Cette région est un laboratoire du monde. Je rencontre des tas de gens, leur demande comment ils voient l'avenir, combien ils gagnent, pour qui ils votent, s'ils sont propriétaires ou salariés, si leur banque est gentille avec eux. J'ai des rapports tendus avec la mienne. Mon *chargé de clientèle* est sympathique. Nous sommes amis sur Facebook. On échange par mails et par SMS. Quand j'avais des ronds et des plans épargne, il était cool. Maintenant, il renâcle pour un rachat de crédit, évite les questions qui fâchent. Je me laisse enfumer avec des taux exorbitants et des agios qui plombent mes débuts de mois. Mon banquier a la main sur moi. Je pourrais en changer, mais je ne suis pas sûr de trouver mieux ailleurs. Il joue son job avec un gars comme moi. *Tu comprends c'est de plus en plus dur et j'ai des directives. Si je fais une exception pour toi, je suis mort.* On se tutoie. C'est lui qui l'a demandé. Je comprends, pas de problème. J'ai toujours fait la part des choses entre un type comme lui et la lignée de petits chefs au-dessus de lui. Plus on grimpe dans la hiérarchie d'une banque, moins je trouve d'excuses. Le directeur des relations humaines, je ne lui en trouve aucune. Jamais.

On vivait ces derniers temps dans une relative cécité. L'impression que tout allait toujours rouler. On avance, poussé par la foule et les idées reçues. On marche parce qu'il faut marcher. Le mouvement des autres nous entraîne. Soudain, on est moins sûr que tout va rouler comme avant.

Comme toujours. Les nouvelles sur l'état du monde vont plus vite que jamais. Les politiques n'ont jamais paru si impuissants. Ils peuvent bien sûr se bagarrer à Bruxelles pour retarder des échéances ou changer des petites choses dans notre quotidien. Ils peuvent faire en sorte que des homos puissent se marier, pousser pour que des émigrés en France depuis longtemps puissent voter. Mais rien sur les tendances lourdes, sauf la méthode Coué. *Je vous promets que la courbe du chômage va s'inverser*… Ce que François Hollande ne dit jamais mais qu'il pense si fort qu'on le lit dans ses yeux c'est : *Je suis bien obligé de vous promettre ce genre de choses parce que sinon ce sera encore pire* *.

On arrive à Amnéville où une fête foraine accueille quelques curieux. Je reconnais mon copain Garette qui s'occupe de la plus grosse attraction de la fête. Des avions qui montent et descendent. Je lui fais signe. Je m'arrêterais volontiers mais les gorilles nous attendent.

– *Allez papa…*

Je me pose cinq minutes :

– *Mais pas question de monter dans les avions…*

– *Allez papa…*

Quand je vois Garette, je pense à nos discussions annuelles sur le choix du sapin. Chaque année, depuis dix ans, trois semaines avant Noël, Garette vient poser sa caravane avec femme et enfants pas très loin de chez moi. Cet hiver, la

* Dans l'offre politique, le seul qui donne des signes positifs de réel espoir s'appelle Pierre Larrouturou, conseiller régional d'Île-de-France, démissionnaire du PS et des Verts. Son idée du partage du temps de travail est développée par ses comités Roosevelt montés en 2012 avec Edgar Morin, Susan George et Stéphane Hessel. J'ai signé leur texte.

neige tombait comme du coton sur les arbres et mes idées. L'air sentait le sapin d'élevage et la déconfiture. Je devais en choisir un pour mettre au centre de mon salon. Un *nordmann* qui fera plaisir à Woody et aux filles en attendant le Père Noël. Chaque année, on me bassine pour acheter un sapin de papier et de plastique, qui durera *longtemps et nous fera faire des économies*. Chaque année, je résiste. Même si le *nordmann* ne sent quasiment rien contrairement aux épicéas qui perdent leurs aiguilles, il reste un arbre, un organisme vivant. Je ne vais pas faire comme mon copain Jean-Luc qui a cédé aux invectives de sa femme et asperge son sapin synthétique d'un vaporisateur *senteur des Alpes* les matins avant le réveil des enfants. On se croirait dans les toilettes d'un aéroport.

J'étais avec mon sapin dans les bras au *Carrefour* de Rozérieulles sous une pluie neigeuse.

– *Vous cherchez quoi d'autre* ? demandait Garette.

– *Je ne sais pas...*

– *Vous voulez une petite branche d'épicéa pour l'odeur ?*

– *Oui je veux bien.*

Comment lui dire que je cherchais une bonne nouvelle ?

– *Et vous, ça va ?* ai-je fait en matant son gros 4x4 chinois.

– *Impeccable.*

– *Les sapins ?*

– *Ben il y a une petite baisse par rapport à l'an passé mais pas tant que ça. Et je viens d'acheter un hangar à Étain pour mon nouveau manège.*

Étain est un chef-lieu de canton en Meuse. On y fabrique des baigneurs en plastique rose depuis 1860. Ils ont une bonne équipe de foot. Roger Piantoni y est né. Je pensais, *vivre à Étain, c'est s'éteindre un peu.* Je me trompais. Mon vendeur de sapins était tout sourire. L'hiver, il fournit en résineux. Le printemps, l'automne et l'été, il tourne de fête foraine en fête foraine. Son chiffre d'affaires grimpe. *Je sais que c'est la crise,* dit-il, *mais je ne la sens pas. Je vends de la fête et de la joie aux pauvres. Ceux qui ne partent pas en vacances et qui viennent chez moi dépensent toujours sans compter pour leurs gosses.*

Il nous reste donc un peu de marge. Le jour où les forains arrêteront, on sera vraiment dans la merde.

26.
Amnéville-les-Thermes

L'an passé, j'avais un projet de série documentaire. Je l'avais appelé *Le Politique*. Il tournait autour de cette antienne : pourquoi se sachant mortel, un homme politique continue-t-il à mentir avec tant de persévérance, tant de constance, tant d'aveuglement ? Cette question remonte à très loin. Elle m'est venue pour la première fois en 1988 à l'annonce de la mort d'Edgar Faure. L'ancien Premier ministre radical était un des hommes politiques les plus drôles et les plus roublards de la Ve République. J'y ai repensé, douze ans plus tard, au moment de la disparition de Jacques Chaban-Delmas le candidat malheureux à la présidentielle de 1974 qui a tu jusqu'à sa mort les dessous des manipulations montées contre lui pour le faire perdre. La crise cardiaque de Philippe Seguin au début de l'année 2010 a réveillé cette envie. Je pensais bâtir mon projet autour de ce paradoxe, le pouvoir et la mort. J'avais pensé à des vieux crocodiles de la politique comme Valéry Giscard d'Estaing, Michel Rocard, Christian Poncelet ou Jean-Marie Rausch en espérant qu'ils se lâchent, disent enfin leur part d'ombre, sans penser au regard des autres ou à la postérité. Je cherchais, pour démarrer ma série, un élu capable de faire partager à près de 80 ans, son envie de changer le monde. Je les avais passés en revue. Celui qui m'intéressait le plus était un politique peu connu des médias nationaux. En dehors des Mosellans, qui connaît Jean Kiffer ? Depuis un demi-siècle, ce petit homme à l'accent germanique et aux allures de vieux mac dirigeait d'une main ferme Amnéville, une commune de dix mille habitants, au cœur de la vallée sidérurgique lorraine avec une effarante réussite. Il était élu régulièrement avec des scores de général birman à chaque scrutin. Il avait été médecin, puis député, conseiller général et conseiller régional. Il n'avait jamais été ministre, n'avait jamais pris sa carte au RPR, à l'UMP ni au Front national. Il était pourtant très à droite et anticommuniste malgré la chute du Mur. Il a pourtant transformé sa ville en un gigantesque, un incroyable parc d'attractions à ciel ouvert. Il a surtout accompli ses rêves faisant d'Amnéville une des municipalités les plus riches de France.

Je l'avais eu quelques fois au téléphone, car il s'était mis en tête que je pourrais lui écrire un livre sur mesure. Il voulait laisser une trace. Il était prêt à y mettre le prix. J'avais repoussé, en y mettant les formes, sa proposition. Jean Kiffer n'avait plus vraiment la pêche depuis quelques mois. Il voulait renoncer à ses différents mandats. Même la gestion de sa ville semblait l'ennuyer. J'étais allé lui rendre visite le 11 janvier 2011 dans sa salle des fêtes pour la cérémonie des vœux. Je pensais le voir déprimé, mais entre l'Harmonie municipale et les majorettes, le toubib avait retrouvé de l'énergie. Il avait un nouveau projet et un adversaire à sa mesure : la République tout entière. Jean Kiffer voulait créer une *principauté* et rompre avec la République *bananière* française. Carrément. Il avait même donné à sa principauté le nom que les Allemands avaient trouvé lors de la première annexion de la Moselle, en 1871 : Stalheim *. Derrière son pupitre, en pointant son doigt vers une assemblée subjuguée et attentive, il s'en prenait, avec des accents de dictateur, aux magistrats, aux fonctionnaires, aux préfets et aux sous-préfets qui ne se déplaçaient jamais lors des inaugurations et lui mettaient à longueur d'année des bâtons dans les roues *Le monde autour de nous, la politique, les affaires, les banques, tout devient virtuel. Puisque la République ne veut plus de nous, j'ai pris la ferme résolution de me consacrer exclusivement aux intérêts, à la prospérité et au développement de la principauté de Stalheim.* On entendait presque claquer ses talons quand il prononçait ce mot. Le tribun enchaînait sur son rêve de sécession : *La République nous fait du mal, la République nous n'en avons jamais eu besoin car nous sommes devenus une ville-entreprise de deux mille salariés, au chiffre d'affaires de cent soixante-quinze millions d'euros. Votre République, on l'observe tous les jours. C'est la République de la médiocratie, de la fricocratie, de la morosité. Rien ne va plus. Ici à Stalheim, nous voulons célébrer l'honnêteté, la joie de vivre, l'audace.* Il confiait, toujours à la tribune, comme s'il supposait qu'on allait mettre en doute sa santé mentale : *On me dit que je suis fou. J'ai d'ailleurs demandé une expertise psychiatrique pour les tribunaux.* Il roulait de grands yeux effarés, il avait préparé sa sortie : *Nous ne demandons qu'une seule chose... La République... qu'elle nous foute la paix... Mesdames et messieurs, bonne année, bonne santé...*

* Cité du fer.

Les applaudissements étaient nourris, fougueux, enthousiastes. Jean Kiffer serrait les mains, les yeux embués. La télévision municipale filmait l'événement*. Les bouchons de crémant pétaient, les canapés au saumon disparaissaient dans les bouches pressées de parler, de se congratuler, de baiser la joue du vieux prince. Il faisait si froid dehors. On était si bien à Stalheim. Une principauté sans trop d'émigrés, avec des retraités disciplinés, sans opposition municipale, sans autre violence que celle sortant de la gorge déployée de son premier magistrat, une sécurité maximale, des écoles aux façades ravalées, aux élèves chantant *La Marseillaise*, des pelouses fleuries, des majorettes, des musiciens avec des uniformes et des instruments rutilants, le paradis des golfeurs, des chasseurs, des joueurs, des patineurs et des enfants aimant les gorilles et les lions blancs. C'était fascinant.

J'ai ses mots et sa voix dans les oreilles, en grimpant vers le plateau et la *zone de loisirs*. Je me gare près du McDo. Woody a faim. On commande deux menus XXL. Lui prend des *nuggets*. Je vote pour un *cheese bacon*. Il est presque 15 heures. Le zoo d'Amnéville ferme à 18 h 30. On court. L'ouvreuse me présente l'addition : 31 euros pour moi, 25 pour Woody. Je fais la moue en sortant ma carte. Elle est du genre inflexible. Je lui glisse que ça fait un peu cher…

– *Mon père a plein de procès et il a pas de travail en ce moment,* pousse Woody

J'ai envie de le tuer. La fille sourit.

– *Bon, le petit peut y aller je lui fais une détaxe…*

* On peut voir cet effarant spectacle sur Internet… http://www.dailymotion.com/video/xgipie_amneville-voeux-du-dr-jean-kiffer-pour-2011_news#.UdF4gxzOrhw.

Je souris niaisement et j'achète deux paquets de pop-corn. Je me retourne. Woody est déjà loin. Il veut voir les petites chèvres et le lion blanc, avant de foncer aux gorilles. On a nos marques ici.

– *Et grouille-toi papa...*

En marchant, je lui fais la morale, sans trop de conviction...

– *Tu arrêtes ce genre de plan, Woody...*

– *Grâce à moi, tu as gagné 25 euros...*

En donnant à manger aux chèvres, je repense à Kiffer. Quelques semaines après la cérémonie des vœux, nous nous étions retrouvés au restaurant du golf, au sommet du parc de loisirs. J'avais pris un pavé de bœuf, lui une entrecôte. Il avait garé sa grosse BMW derrière la cuisine. Sa bouteille était sur la table. *Je bois peu, mais je bois bien,* disait-il. C'était du saint-julien très bon. Une trentaine de chasseurs en treillis occupaient une longue table derrière la nôtre. Le docteur avait salué chacun des convives. L'art du politique. Tout le monde lui serrait la main ou lui caressait dans le dos. C'était un héros populaire. Tout le monde l'appelait *docteur* sans condescendance. Il aimait ce rituel. Il avait rendu tellement de services. À son passage, les habitants étaient nombreux à sourire, à faire un geste amical. Avec son allure de parrain aux cheveux teints comme les mafieux des *Soprano*, la série télé, de *farmer* pas gentleman, de shérif toujours prêt à dégainer son *gun*, il n'avait plus exercé la médecine depuis des lustres, mais il était celui qui soignait leurs angoisses, leur donnait de l'assurance, de la fierté et surtout du travail.

Je ne l'avais pas vu en tête à tête depuis une vingtaine d'années. J'étais alors journaliste à *Libération*. J'avais écrit un article qu'il avait affiché sous verre en mairie.

– Je m'attendais à une attaque de mon extrême gauche, mais au final c'est sans doute un des meilleurs articles qu'on ait écrits sur moi.

Ce préambule avait pour but de dégeler l'ambiance. Le toubib avait un numéro très au point :

– Comment il s'appelait déjà cet article ?

Il fallait que je fasse comme si je ne m'en souvenais plus :

– Ah oui ! « Kiki le taureau d'Amnéville » *!* faisait alors le doc.

Il se marrait, vantait mon esprit de résistance, cherchait mon approbation :

– On est faits du même bois même si on n'est pas du même bord. Vous êtes toujours communiste ?

Il avait laissé sa veste en cuir à un ami chasseur qui l'avait aidé à l'enlever et posé avec précaution sur le divan de l'entrée. Il avait accompli ce geste sans se retourner. Je ne me souviens pas l'avoir entendu remercier le gars qui s'était saisi de la veste. Tout semblait tellement rodé et naturel. Il était le boss. Point barre. J'étais à la table du boss. J'avais droit au respect des chasseurs. Ce qui ne m'était pas arrivé souvent. Kiki avait desserré sa cravate et ajusté les manches trop longues de sa chemise rayée. Il avait les cheveux un peu longs et gominés, traînant sur les oreilles. Le restaurant du golf offrait un panorama parfait sur la vallée et le parcours de 18 trous qui avait déclenché une guerre terrible entre les communes d'Amnéville et de Rombas. Le parcours avait été construit illégalement.

Il faisait moins quatre degrés dehors. Il y avait du soleil.

– Et ça vous fait quel âge ? 76 comme mon père ? avais-je demandé.

– Non 75, avait précisé le doc. *Je suis né en 36.*

Il était pointilleux sur l'âge. Le temps était le seul paramètre qu'il ne maîtrisait pas. On est entrés tout de suite dans le bain des affaires. Le doc était agacé. Un commissaire de police l'avait contacté pour une entrave syndicale liée à sa gestion de la commune. Le commissaire téléphonait de la part du procureur de Metz. D'après le flic, Kiffer l'aurait insulté. Il aurait dit : *J'en ai rien à foutre de ce connard* en visant le magistrat. Une plainte avait immédiatement été déposée pour injure.

– *Je lui ai simplement dit que je n'avais pas à répondre à ses invectives et que j'étais un élu du peuple*, se défendait le doc, sans être convaincant.

Il avait les mimiques de Fernandel. C'était frappant.

– *C'est dommage. C'était un nouveau procureur. Vous auriez pu repartir de zéro.*

Il en avait rajouté :

– *Les magistrats ne comprennent rien. Ils n'ont pas les mains dans le cambouis, ne connaissent rien aux petites gens. Ce sont des ignares.*

Le doc avait ses leitmotive, les mêmes depuis cinquante ans. Il n'était *ni de gauche, ni de droite, mais quand même de droite*. Il n'aimait pas le Front national. Il n'aimait pas Sarkozy, ni Giscard, ni Chirac, ni Hollande. Il n'avait rien contre Aubry ou *la petite députée socialiste du coin**. Il était pour le peuple et rêvait d'inventer sa principauté de Stalheim avant de livrer son dernier souffle. Il n'avait *jamais fait dépenser un rond aux contribuables de sa commune*. Ici les enfants des cantines ne payaient *qu'un euro cinquante* le repas. Ici, les livres scolaires *étaient gratuits*. Ici, les impôts locaux étaient *les plus bas de France*. Ici c'était *un trou*

* Aurélie Filippetti.

à rats, avant qu'il ne débarque de l'autre bout du département. Il avait 28 ans, la fleur aux dents et une stratégie éprouvée. Provoquer. Attaquer. Débattre. Faire parler de lui. *Plus j'ai de plaintes contre moi, plus on parle de moi. C'est comme ça que mes adversaires tombent dans le panneau et que je me suis fait connaître. Les communistes sont tombés dans le piège les premiers. Et ça continue…*

Sa longue marche a démarré en 1975 par une promenade en forêt. En atteignant une clairière, pas très loin d'une source, il aurait eu une vision. La ville végétait au cœur des crassiers, enfumée par les hauts fourneaux. Kiki a eu l'illumination d'en faire un paradis où l'on se ferait masser, arroser, baigner dans une boue ferrugineuse. Il a commencé par faire modifier le nom de sa commune devenue Amnéville-les-Thermes. Après avoir créé sa ville d'eau, il a voulu son casino.

– Je sentais que la sidérurgie allait se casser la gueule et qu'il fallait imaginer autre chose. C'est le rôle des politiques, avoir de l'imagination et de la persévérance.

Pierre Messmer, l'ancien Premier ministre de Pompidou, habitant à l'autre bout du département, sera son bon génie. Jean Kiffer venait d'être élu plus jeune député de France, membre d'un petit groupe de parlementaires non inscrits. L'UDR (Union des démocrates pour la République) de Pierre Messmer était alors toute-puissante. Messmer et Giscard lui ont promis un secrétariat d'État.

– L'espace d'une nuit, j'ai été ministre, raconte Kiffer. *Un coup de fil de Giscard. Et puis le lendemain, sur la pression d'un lobby, j'ai été éjecté.*

Je demande lequel ?

– Lobby judéo-maçonnique, lâche le doc, me fixant bien droit dans les yeux.

Je ne relance pas.

– *Être éjecté de la sorte a été un mal pour un bien*, promet-il.

À sa seconde législature, en 1986, Chirac cherchait à construire une majorité. Il avait besoin d'un groupe apparenté au RPR à l'assemblée. Il lui manquait quelques voix pour asseoir son leadership. Il a demandé à Messmer de joindre Kiffer.

– *Messmer était un homme remarquable, une seule parole*, opine le doc, ému. *Il m'a demandé ce que je voulais en échange de mon ralliement. J'ai dit une habilitation* ville d'eau *et un casino. Je les ai eus.*

Ainsi, Kiki le taureau d'Amnéville est devenu le premier *maire entrepreneur* de France. Il a inventé ce statut. Il a un tas de concepts prêts à l'emploi. *Actionnariat municipal. Mairie entreprise* :

– *Le principe, c'est de se battre pour sa ville comme un chef d'entreprise se bat pour sa boîte, en créant des richesses et des emplois, sans être emmerdé par le fisc ou le Ministère public parce qu'on a fait un peu de bénéfice.*

Il raconte une nouvelle cabale. Il a lancé sans subvention des restaurants municipaux. Les salariés du restaurant étaient appointés par la mairie jusqu'au jour où le fisc n'aurait pas admis ce mélange de comptabilité entre la mairie et une entreprise faisant des bénéfices.

– *Rien pour ma poche, mais c'est moi qui ai été condamné*, se lamentait Kiffer, qui justifiait soudain sa principauté Stalheim. *Je ne serai plus emmerdé, j'aurai ma police, mes frontières. Vous croyez que je plaisante. Vous verrez…*

Il m'avait proposé un dessert. J'avais dit non mais comme il faisait la gueule, j'avais dit oui en craignant le pire. Une tarte aux pommes à peine décongelée avait atterri dans nos assiettes. On a laissé la croûte pour manger les pommes. Le doc balayait du regard l'horizon. Il avait construit un empire de jeux et de loisirs générant 3200 emplois directs sur son site : un zoo parmi les plus beaux d'Europe, un aquarium géant avec des requins blancs, une patinoire, une piscine olympique, un centre cinématographique projetant depuis quinze ans déjà des films en trois dimensions, une dizaine de restaurants, un golf, des terrains de squash, des bowlings, plusieurs boîtes de nuit, un Zénith où se produisent toutes les stars de passage dans l'Est, un casino devenu le deuxième plus rentable de France et qui rapporte vingt-cinq millions de subsides chaque année à Amnéville, un hôtel cinq étoiles qui accueille le *Word Poker Tour* et la piste de ski *indoor* la plus longue d'Europe. Ouf ! Il voulait s'attaquer à son dernier projet. Une plage de sable fin longue de cent cinquante mètres avec des vagues et des rouleaux. *J'ai eu l'idée au Japon. Là-bas, ils ont en une de trois cents mètres. Vous voyez je suis encore petit. L'an prochain, n'en déplaise aux écolos, on pourra boire un cocktail sur la plage en plein hiver.*

Au café, je lui avais posé des questions pénibles. Son âge ? *Je le sens un peu, mais moins que la plupart de mes copains qui ont un encéphalogramme plat.* L'ennui qui pourrait le gagner ? *Oui c'est vrai. J'ai eu un passage à vide cet été. Mais là, avec ma nouvelle bataille, ça va mieux.* Le passage de témoin ? *Je ne vois personne.* Un mandat de député ? *Bof.* Une influence plus grande en région ? Il reconnaît que de ce côté, il n'a pas de marge de manœuvre. *Le jour où j'arrête la politique et lâche Amnéville-les-Thermes, je meurs.* L'avenir ? Le capitalisme ? Les banques ? La crise ? *J'aimerais bien vous dire que j'ai de l'espoir et des idées mais je ne vois pas. Ce n'est pas gai ce qui nous attend.*

Il est remonté dans sa BMW et est allé dormir *une heure ou deux*. Il faisait sa sieste tous les jours sur le canapé de son salon. Un roupillon quotidien pour *régénérer* ses neurones. Il avait un secret livré ce jour-là sur le parking du restaurant du golf. Chaque matin depuis trente ans, au réveil, il faisait le poirier. La tête en bas, les jambes contre le mur de son salon. *Le sang irrigue mieux le cerveau. Ça permet de fonctionner plus efficacement, vous devriez essayer…* Un matin un peu avant Noël, en faisant le poirier, il se serait vu avec un sceptre en tenue d'apparat. Comme un empereur. Je n'ai jamais su s'il se moquait de moi en me confiant cette dernière vision. Je ne crois pas. Jean Kiffer pratiquait peu l'humour noir.

En quittant Amnéville, je me suis arrêté dans un sentier pour prendre quelques notes. Quand Jean Kiffer parlait de son projet de plage, il n'essayait pas de me convaincre mais de se convaincre lui. Sans adversaire, sans héritier, après avoir créé une station thermale sur un crassier, Kiffer était à la recherche d'un dixième souffle. Autour de lui, un monde s'effondrait, sans qu'il comprenne pourquoi. J'essayais d'imaginer au milieu de ces arbres enneigés une immense bulle de verre avec un plan d'eau, du sable et des vagues artificielles, des surfeurs, des filles en bikini rouge, des enfants et des châteaux de sable. Je le voyais lui au milieu en peignoir blanc avec un cigare, une couronne et un sceptre doré. Ce projet était pharaonique et débile, mais il était capable de le mener à bien.

Jean Kiffer est mort quelques mois plus tard, en plein mois d'août. Sa femme l'a retrouvé inanimé au petit matin dans le canapé de son salon. Sans doute après son poirier quotidien. Son cœur a lâché. Sa disparition a surpris tout le monde à Amnéville. Je l'avais de temps en temps au téléphone. Amnéville-les-Thermes. Amnéville-le-Terme. Il avait accepté l'idée d'un documentaire où une caméra l'aurait suivi. Je tenais un bon sujet. *Je ne suis pas contre l'idée de laisser une trace,* m'avait dit Kiffer, *j'aime moins l'idée que vous mettiez votre nez partout. Mais je prends le risque.* Il entamait à 78 ans une carrière de dictateur. Il était colérique et sincère. Je le soupçonne de ne jamais avoir vraiment cru à son rêve de principauté. C'est peut-être ce qui l'a tué : ne plus croire à ses rêves. Il avait presque réussi à me convaincre avec son histoire de poirier irriguant le cerveau.

On est restés un long moment devant la cage des lions blancs. Woody était envoûté. Les fauves, un couple et un petit, viennent d'arriver et sont l'attraction de cette année. Les Zoulous considèrent les lions blancs comme des animaux sacrés, messagers des dieux. Le catalogue du zoo explique que dans les légendes tribales, *rencontrer un lion blanc apporte chance et prospérité.*

– On est des veinards Woody, je te le dis.

– Je peux les caresser, tu crois ?

– Faudrait pas pousser notre chance jusque-là. Tu vois sa gueule. Pour lui, t'es une noisette…

Woody est pensif. Je sens que comme pour les singes de Kintzheim, il apprécie modérément de les voir enfermés.

– Ils viennent d'un autre zoo en France mais ils n'avaient plus de sou pour les nourrir.

– Pourquoi on ne les remet pas en liberté ?

– Ils se feraient tuer. Il n'y a plus aucun lion blanc en liberté au monde…

Les lions d'Amnéville ne sont pas albinos, ne souffrent d'aucune tare. Leur pelage blanc et beige, leurs narines, le dessous de leurs pattes et leurs lèvres noires, leurs yeux gris clair sont le résultat d'une mutation génétique. Les bêtes ne sont pas fragilisées, ni sensibles à la lumière du soleil. Le seul prédateur du lion blanc, c'est le chasseur blanc et la femme blanche qui aime les manteaux en fourrure. Le couple et le lionceau devant nous, si paisibles, font partie d'un programme visant à réintroduire des lions blancs nés en parcs zoologiques *.

Woody est rassuré. On reste longtemps assis sur un banc à les regarder. On passe assez vite sur les éléphants, les ours, les tigres, les rhinocéros, les loups et les serpents pour foncer voir les gorilles. On arrive juste à temps mais ils se planquent. On fait pareil que pour les lions. On s'assoit sur un banc tout près d'une vitre. Cinq gorilles nous tournent ostensiblement le dos, sans bouger. Les visiteurs finissent par se lasser. Le zoo va fermer. Au bout de quinze minutes, il ne reste que Woody et moi.

– *Va falloir y aller, Woody. Sinon on va nous enfermer avec eux...*

Je sens que l'idée lui plaît.

– *C'est impossible...*

– *Je sais, j'ai de l'école demain...*

– *Non. On n'a pas le droit et on se ferait prendre.*

Il n'existe presque plus de grands gorilles en liberté. C'est une des espèces les plus menacées au monde. J'essaie d'expliquer ce phénomène à Woody. Ce sont des animaux peu féconds. On les chasse pour leur viande. Mais la destruction

* Linda Tucker, une scientifique de l'université de Pretoria, a fondé le *Global White Lion Protection Trust* pour sauver les lions blancs et les réintroduire, après un passage dans des parcs zoologiques, dans des réserves africaines.

des forêts est la première cause de leur disparition. Dans cinquante années environ, si rien ne se passe, il n'y aura plus de gorilles. Pendant qu'on se lève et qu'on continue à discuter, un gorille, le mâle dominant, se déplie et se tourne vers nous. Il pousse un long cri auquel répondent les autres gorilles. Il s'approche soudain de la vitre et nous observe de ses yeux jaunes avec une grande intensité. Il ferme ses poings et bat son torse en hurlant plus fort encore.

– *Je sais pourquoi il crie. Il est en train de nous dire qu'il faut le sauver,* chuchote Woody.

– *Là il est bien, il a ses copains et un hectare de terrain.*

– *Tu m'as déjà dit ça pour les singes. C'est n'importe quoi. Je suis sûr qu'il serait mieux dehors…*

On est tous les deux devant la vitre face au gorille à nouveau immobile. Un gardien ne va pas tarder à nous dire qu'il est temps de partir. Pour l'instant, on ne bouge pas. Le gorille nous observe toujours. C'est télépathique. Je l'entends nous parler. Il a une voix très éraillée. Elle vient d'outre-tombe. J'approche ma main des cheveux de Woody. Le gorille semble approuver. En même temps, avec des gestes très lents, j'essaie de me saisir de mon portable pour prendre une photo. Mais le gorille a dû le sentir. Il renifle et avec majesté se retourne en nous montrant ses fesses.

On marche vers la sortie.

– *J'aimerais bien m'occuper de gorilles quand je serai grand,* fait Woody.

– *Bonne idée…*

– *Tu as vu, il nous a parlé,* poursuit Woody.

– *Bien sûr que j'ai vu. J'ai même entendu.*

– *Qu'est-ce qu'il t'a dit à toi ?*

– *Je n'ai pas le droit de te dire. C'est un secret.*

– *Pareil pour moi.*

27.
Les affranchis

On reprend l'autoroute. On fonce. La nuit tombe. Guido m'attend. Je prends mon oncle un peu après 19 heures. Il a mis une cravate, a pris un parapluie. On ne sait jamais. On roule dix bornes pour arriver dans un vieux café rénové à l'ancienne avec des nappes à carreaux et des bougies en plastique. Il faut le connaître, le trouver. Seuls des habitués ont droit aux pâtes de Mama Lea. Le parmesan est coupé devant nous par la patronne en lourds copeaux. Un jambon de San Daniele pend au mur à côté d'un gros fromage sarde. La pizzeria, un rien clandestine, appartient à Etsio.

– *Quand est-ce que tu nous fais un prochain livre?* demande le maître des lieux en portant mon fils dans ses bras.

Etsio a demandé à me voir car il est inquiet pour ses investissements.

– *C'était bien ton dernier bouquin mais ils étaient trop forts, beaucoup trop forts.*

– *Je sais.*

– *Tu t'en es tiré. Et tu n'as pas eu besoin de nous. C'est bien. Mais ça aurait pu se passer beaucoup plus mal.*

Etsio m'avait proposé de faire sauter la voiture d'un type un peu véhément qui avait porté plainte contre moi. J'ai décliné. Il m'a ensuite proposé un plan bizarre : faire sauter ma propre voiture – à l'époque je roulais en Honda Shuttle – pour faire en sorte que les flics s'intéressent aux barbouzes gravitant autour de moi :

– Ta vieille bagnole est complètement pourrie. Et puis l'assurance te remboursera…

Son idée n'était pas idiote. Il voulait m'aider. Etsio ne connaît que ce genre de moyen. Souvent, ça marche. Dans mon cas, j'ai dû le convaincre de laisser tomber.

– Je vais me débrouiller Etsio, surtout tu ne t'en mêles pas…

Dès que je débarque dans le restaurant, Etsio me soupèse du regard, sourit, caresse la joue de Woody. Il n'a pas de vrai métier. Il n'en a jamais eu. Il a tenu un hôtel au Luxembourg, un garage aussi. Il est d'ici. Il voyage en Belgique, en Allemagne, en Sicile. Parfois, il part plus loin mais on ne sait jamais où, ni pour combien de temps. C'est un copain de mon oncle Guido. Il connaissait mes grands-parents. Quand j'étais enfant, j'étais l'ami de son neveu. Michel. Son nom a été francisé. Sur sa carte d'identité, il est écrit Michele. Etsio et Michele travaillent pour la mafia. *Cosa Nostra, Camorra* ou *Ndrangheta* : je ne sais pas, j'ai une idée mais aucune preuve. On n'a jamais la preuve du lien à moins d'en être. Selon moi, il est multicarte. Il rend service. Les ordres et l'argent viennent de Milan et d'une banque de Locarno. Michele a fait le chauffeur et transporté des billets par sacs entiers à l'arrière d'un camion, pour les emmener de nuit dans une banque de Luxembourg. Je connais la banque et le système qu'ils avaient mis en place. L'argent des trafics servait de caution pour ouvrir des comptes cachés dans une chambre de compensation. Relisez mes bouquins. Je n'ai plus envie de parler ça. Mais sachez que c'est un peu grâce à Michele et à Etsio que j'ai compris le business.

Michele a repris l'entreprise de transport de son père. Trois camions au début des années 60, il en a soixante aujourd'hui. Des bus aussi, des hôtels. Une maison avec piscine intérieure, une Porsche Cayenne. Son frère et son cousin ont ouvert des boîtes de nuit au Luxembourg, en Belgique, en Allemagne et en Lorraine. Ils blanchissent l'argent de leurs amis. Leurs affaires ne connaissent pas la crise. Etsio a démarré avec quelques putes. Je n'ai jamais parlé d'eux mais je connais leur passé, leur histoire, l'impossibilité qu'ils pourraient avoir à expliquer l'origine de leur fortune. Une enquête des Renseignements généraux sur le frère de Michele a été classée sans suite voici six ans. Ça leur a coûté *un bras*, d'après ce que j'ai compris. Je sais aussi qu'en ce moment ils font travailler beaucoup de monde. De plus en plus.

Etsio propose un Cinzano. Il dit qu'il est fatigué, demande des nouvelles de ma mère, de mes enfants. On parle du FC Metz et de ma Jaguar.

– *Ça paie toujours bien les livres ?* demande Etsio.

– *Moyen. J'ai arrêté d'écrire. Je fais plutôt des films… Et tu sais, ma voiture est vieille, je ne l'ai pas payée très cher.*

– *Ba… Ba… Ba…*

– *Non je t'assure, à peine le prix d'une Clio.*

– *Ba… Ba… Ba…*

– *Il m'en faudrait une petite dizaine pour me payer une Porsche Cayenne comme celle de Michele,* je fais.

Etsio a saisi l'allusion. Je joue sur du verre pilé.

– *Et ça consomme beaucoup, non ?* coupe Etsio en me fixant.

– *Autant.*

Ça a toujours été sur ce mode avec eux. Je suis à la périphérie de la famille. On se frôle. Ils ne me veulent aucun mal. Moi non plus. Je dois avouer, tout mafieux qu'ils sont, que je les aime beaucoup.

– *Alors qu'est-ce que tu en penses de ce qu'a annoncé ton copain Hollande ?*

– *Qu'est-ce que tu veux que j'en pense ?*

– *Tu as voté pour lui non ?*

– *Je pense qu'il est obligé de se bouger le cul et que c'est plutôt pas mal.*

– *Mmmm… Mais tu y crois toi à ces histoires de déclaration de patrimoine ?*

– *Non. Cela dit, ça va en faire chier plus d'un. À commencer par Copé…*

On se marre. Deux pizzas immenses et fumantes arrivent devant nous, avec un peu de jambon fraîchement coupé, de la mozzarella et de la roquette. Woody prend une part et demande s'il peut aller jouer avec ses cousins. Je sens qu'on va rentrer dans le vif.

– *Tu as des infos sur la liste que les journalistes ont récupérée ?*

– *Ils ne veulent pas publier tous les noms. Mais ce n'est qu'une première liste… Il y en aura d'autres… ça va devenir de plus en plus dur de planquer son oseille…*

– *Je le sais et ça coûte de plus en plus cher. Je vais te parler franchement… Je n'ai pas mis un centime là-bas. Tu me vois aller à Singapour ? J'aime pas l'avion. Mais tu as vu ce qu'a dit Frieden*. Ils veulent lever le secret bancaire au*

* Membre du Parti populaire chrétien social, Luc Frieden est ministre des Finances et du Budget. Il a longtemps été ministre de la Justice et du Trésor, cumulant deux fonctions relativement incompatibles dans un État de droit. Il est souvent présenté comme le successeur de Jean-Claude Juncker, le Premier ministre luxembourgeois.

Luxembourg. Qu'est-ce que tu en penses toi qui les connais bien ?

– Tu les connais mieux que moi... Frieden est une buse, il ne fera jamais rien contre les banques. Je pense que c'est du flan. Et tu as le temps de te retourner. C'est pour 2015. Il suffit que tu mettes tes économies au nom d'une société. Ils ne lèvent pas le secret pour les sociétés...

– Donc, rien ne va changer d'après toi...

– Non, pour toi rien...

– Tu sais combien on leur a donné l'an passé ?

– Non. Combien ?

– Beaucoup...

Etsio a l'air satisfait. Il demande à la patronne d'aller chercher un vieux barbera d'Asti, un rouge assez costaud du Piémont. Les pâtes vont arriver. La pleine lune éclaire le ciel et les arbres. Il sourit...

– Michele me dit qu'ils t'ont encore baisé dans ce journal. Pas un mot sur toi... Quelle bande de putes... T'en as pas marre ?

– Laisse tomber, j'ai tourné la page...

– Ils te foutent le nez dans la merde. Ils t'envoient presque en taule et après ils recrachent mot pour mot ton enquête. Comment tu peux supporter ça ?

– Tu lis Le Monde *maintenant ?*

– Non c'est Michele qui le lit. Moi le Répu *et la* Stampa, *ça me suffit...*

Etsio ajuste ses lunettes et lit l'édito du quotidien de Turin qu'il me traduit : *Il est urgent de renforcer les règles, les contrôles, la coopération transfrontalière. La lutte contre le blanchiment passe par là...*

Il tranche soudain :

– Attends, ça ressemble à ce que tu écrivais non ? Et là, parce que le vent tourne, tout le monde s'y met...

– Laisse tomber Etsio. Je te dis que je m'en fous. C'est un épiphénomène…

– Un quoi ?

– Rien…

On mange en silence. Woody a l'air de s'éclater avec ses nouveaux petits amis. Toujours la guerre. J'ai le cerveau en ébullition. Comment dire à Etsio que le capitalisme est devenu une machine folle qui peut le balayer lui aussi ? Une usine à fusionner, à faire voyager les richesses clandestinement, à creuser des abysses. Hollande et ses amis, même gonflés à bloc, n'y parviendront pas. Il le sait bien, il peut montrer qu'il essaie. Il peut attaquer Chypre, pas le Luxembourg. Et encore moins la City ou Francfort.

Ce doit être l'ambiance de Rosselange où sont enterrés tous ces travailleurs italiens, les pénitents à genoux sur les tombes, les vieilles dames astiquant les plaques en marbre, le chianti, la faconde et la morgue d'Etsio, les gorilles du zoo, le souvenir de Kiffer, le souvenir du Dalflex et des petites voitures que je faisais glisser des heures durant. Ce doit être mon fils qui joue au soldat dehors avec un fusil-mitrailleur offert par ses cousins lointains. Un Hasbro, le fusil-mitrailleur. Je nous sens alourdis, lents, attirés par le passé, lestés de béton, rattrapés par les morts, trop perplexes face à l'avenir.

– Toi tu devrais faire de la politique plutôt que des livres qui ne servent à rien, glisse Etsio.

Je connais sa leçon par cœur. Quand viendra la *grappa*, il dira qu'il est même prêt à me financer.

– On était presque tous communistes dans la famille, tu le sais…

Je nous sens désemparés, prêts à dire que le diable et le Bon Dieu c'est pareil. Je revois Guido me mettre la main sur l'épaule et je l'entends me glisser : *Tu sais Etsio et ses amis en ont dépanné beaucoup ici. Inutile de te le mettre à dos.* Je sais. Je n'ai pas la pêche aujourd'hui. Guido propose que nous allions boire un dernier verre à la maison. Je décline. Il n'insiste pas. Je dis à Etsio et à mon oncle que je suis désolé mais qu'il est tard. Je promets de repasser bientôt.

– *Viens avant que je meure,* jette Guido, l'œil réprobateur.

– *Promis, mais là tu comprends avec le petit…*

– *Je comprends.*

28.
Money Time

Je reprends la route vers Moyeuvre, après avoir déposé Guido. Là aussi, les maisons s'effondrent à cause des galeries de mines abandonnées trop vite. Je cherche la maternité. Je veux y faire un tour rapide avant de rentrer. Je veux la voir. Je regarde la route et les paysages à travers mes phares. Peu de signes d'espoir dans ces rues aux façades fissurées, aux maisons qui rentrent dans le sol. Des cafés fermés. Des usines rouillées. Des adolescents emmitouflés buvant de la Valstar. Je me demande si Jean-François Copé, Laurent Wauquiez ou François Hollande pensent à la mort, au temps qu'il leur reste pour arrêter de mentir. L'aveu de Cahuzac a provoqué un basculement politique en France et en Europe. Un attrait nouveau pour la lutte contre les évasions de capitaux. François Hollande et ses ministres ne s'attendaient certainement pas au revirement de leur ministre du Budget, le plus inflexible à nous faire payer l'impôt, le plus dur pour lutter contre les fraudes. Le scénario était parfait. Trois mois de mensonge et de dénégations publiques, cette pression qui monte avant ce moment de vérité et de repentir : *J'ai pêché, j'ai menti, j'ai trahi.* Aussitôt le retour de flamme. La déferlante. Des papiers fleurissent partout révélant la cupidité d'autres élus, les liens endémiques entre le monde des affaires et celui de la politique. Des fonds secrets qu'on n'avait pas déclarés. Des arbitrages truqués. Des votes achetés. De l'ingérence. Du trafic d'influence. Des juges d'instruction à nouveau à la peine réclamant plus de vitesse dans les échanges d'informations.

Chaque jour, je suis l'actualité du monde racontée par mes pairs dans les journaux télévisés, principalement sur les chaînes à jet continu. Je me laisse prendre au piège du flux et du Net, y lisant la presse locale, nationale et internationale, y retrouvant d'anciens collègues, postant irrégulièrement des impressions sur les réseaux sociaux. On ne se refait pas : je passe beaucoup de temps à lire les articles ayant un lien avec la finance. Non pas que je boursicote ou que je m'intéresse aux cours des marchés. J'essaie d'y décrypter les fausses informations et les vraies, d'y percevoir les signes avant-coureurs de la catastrophe annoncée partout. Ce système (appelons pour faire court : *le capitalisme*) peut simuler sa mort, l'annoncer, faire croire à sa renaissance sans que rien de fondamental ait bougé. Lacan était très critique à l'égard du capitalisme mais il se refusait à le commenter sous peine de le voir renforcer.

Après toutes ces secousses et ces révélations en cascade, ces états de sidération successifs, ces promesses de changement, je suis bien placé pour savoir qu'il n'y a pas *de dévoilement qui ne serve à renforcer un revoilement**. La communication sur la crise, les surenchères de scandales,

* J'ai trouvé cette phrase dans un article (*Jusqu'à quand des hommes sans corps auxquels manque la tête ?*) d'Annie Le Brun publié sur le blog de Paul Jorion le 6 juillet 2013.

la gestion de nos affects, de nos emportements et de nos peurs font partie d'un jeu. Du jeu. Je tente de comprendre ce qui a motivé telle affaire ou tel propos. Il n'existe aucune rationalité dans cet univers. Au fil de mes lectures et de mes fréquentations, j'aurais au moins appris cela. Ce postulat permet d'élaguer. Et de croire aux surprises.

Il y a des tendances lourdes, les secousses financières dont les ondes mettent du temps à nous atteindre. Il y a aussi les déflagrations du réel. Ces moments où une trajectoire personnelle entre en collision avec le bordel ambiant. On se frotte les yeux en se demandant si ce qui est en train d'arriver est bien réel. Non, nous ne rêvons pas. Dominique Strauss-Kahn, le patron du FMI, apparaît menotté à la télévision. Mohamed Merah tue des enfants juifs à la sortie d'une école. Jérôme Cahuzac, le ministre du Budget, avoue avoir fraudé le fisc et demande pardon.

La partie s'annonce serrée pour la suite. Il y a toujours une élection qui vient. On en a vu se bousculer au portillon de la gloire télévisuelle, des fausses valeurs et des enflures indélébiles. Il faut que le public en ait pour son argent et l'électeur pour son bulletin. Quels que soient l'issue du match et le niveau d'obscénité, les annonceurs doivent continuer à payer. Les consommateurs doivent manger du foot, du basket, des pop-corn, du Coca, des smartphones, des bagnoles, des figurines GI Joe, des vélos MBK. Les électeurs doivent continuer à croire aux débats qu'on leur sert, aux chansons des *jeunes populaires*, aux vociférations du Front de gauche, aux minauderies des vieilles badernes du Parti socialiste, aux tergiversations des écolos et aux élucubrations de la Marine Academy. Les banquiers sont aux aguets. Ils sont comme les propriétaires de clubs en NBA.

Ils gèrent les flux, les parties, les paris. Peu importe le vainqueur, seuls comptent le show, le mouvement, l'illusion collective. Le championnat doit continuer, les élections doivent passer.

J'ai promis à Woody qu'aux prochaines vacances on irait voir sa mère et sa sœur à Brooklyn. On montera en haut de l'Empire State. Je lui montrerai les gratte-ciel de Manhattan. On ira voir jouer les *Nets* jouer contre les *Bulls*.

– C'est dans pas longtemps ?
– Pas longtemps du tout
– Il y a un zoo à New York ?
– Oui, mais il est pourri
– Papa…
– Quoi ?
– Il t'a dit quoi le gorille à toi ?
– Putain Woody, c'est un secret. Si je te le dis, je le trahis.
– Oui je sais. Mais tu peux m'en dire un peu ?
– Pfff… Il m'a donné un conseil
– Lequel ?
– Il m'a dit de bien m'occuper de mes petits…

On appauvrit les nations. On ferme les mines, les écoles. On s'est détaché du travail des hommes. On les a vampirisés. On a sucé leur force de travail. Mittal a racheté Arcelor qui avait mangé Usinor qui avait phagocyté Sollac et Sacilor qui avaient racheté Wendel. Cinquante ans d'histoire de la sidérurgie lorraine ainsi résumés. Les maîtres des forges ont vendu leur âme, ce qui les avait faits rois. D'industriels, ils sont devenus financiers. Ils ont su réinvestir ailleurs. Dans l'édition par exemple. Ernest-Antoine Seillière, le gérant de la fortune du clan Wendel, a embauché un trader de luxe et s'est lâché sur les marchés financiers. Après avoir revendu en 2009 le groupe Robert Laffont aux Espagnols de *Planeta*, il a investi dans les énergies renouvelables, les batteries ou le nucléaire.

Pour faire passer son achat dans l'édition, Seillière avait promis que son intérêt pour les livres était sincère et qu'il était dans ce secteur pour un paquet d'années. Sur la fin de sa vie, le baron s'était peut-être rendu compte que les livres avaient plus d'importance que les machines à laminer ou à spéculer. Mes romans sont publiés chez Julliard qui appartient au groupe Laffont. Indirectement donc, le baron a été mon employeur. Après avoir fait trimer mon grand-père, il me verse des droits d'auteurs. Je me disais *tiens, ce gars-là devient gentil, il expie*. Le baron a tenu trois ans avant de fourguer son groupe d'édition à la multinationale espagnole. Au passage, lui et son clan se sont goinfrés. Seillière a réussi à gagner de l'argent en vendant non pas des livres mais un groupe d'édition endetté*. Les Espagnols se sont fait avoir. Les livres, Seillière s'en moquait. La littérature était un prétexte à se faire du blé. Seule la rentabilité intéresse les investisseurs comme lui. Il a creusé notre tombe. Il n'a pas fini le travail. C'est un des fossoyeurs de la vallée de la Fensch et de la sidérurgie. Il vient d'être nommé président des amis et des mécènes du nouveau musée de Metz. Il explique que la Lorraine a tellement apporté à

* L'éditeur André Schiffrin l'explique dans la préface de *L'Argent des mots*, La Fabrique, 2010 : *Editis, acheté 650 millions d'euros, était revendu pour plus d'un milliard. En fait, le bénéfice réel était encore plus élevé. En pareil cas, c'est la société rachetée qui assume l'essentiel de ses dettes et qui est censée les rembourser. Les dettes d'Editis au moment du rachat par Seillière se montaient à quelque 425 millions d'euros. Seillière n'avait donc eu à débourser que 225 millions.* Les Échos, *au moment de la vente, évaluaient son bénéfice au taux record de 300 %.*

sa famille qu'il est normal aujourd'hui qu'il renvoie l'ascenseur. *Wendel est très fier de cet accord, qui lui permet de soutenir un projet phare pour la Lorraine, berceau du groupe et de ses familles fondatrices. Nous avons voulu que ce partenariat s'appuie sur nos valeurs d'entreprise,* a écrit le baron dans un communiqué publié dans le *Républicain lorrain* en mars 2011. Un an plus tard, il a reçu du ministère de la Culture de l'époque le titre de *très grand mécène* avec la médaille qui va avec. Tout le monde ici en Lorraine, des politiques aux dirigeants du musée, avait l'air de s'en féliciter. Sauf Aurélie Filippetti, l'actuelle ministre de la Culture, qui a fait savoir que c'était une petite honte de coller un nom pareil sur le fronton d'un musée. Le baron aurait mis un peu plus d'un million d'euros au pot pour acheter des toiles. On dit que l'argent n'a pas d'odeur. C'est une connerie. Si le baron est si riche aujourd'hui, il le doit aux Ritals de la vallée de l'Orne, aux Polacs de la vallée de la Fensch. En quoi est-il différent des oligarques russes qui ont pillé l'économie soviétique ? Il a compris qu'on ne ferait plus d'argent dans l'acier à moins de s'appeler Mittal et de penser monde, de délocaliser, de fusionner, de défiscaliser. Prédateurs contre prédateurs. Seillière va peut-être finir à l'ombre, à la suite de la plainte déposée contre lui par une de ses cousines *. Mittal pas encore. Alors oui, les Ritals se vengent et s'organisent entre eux pour jouer sur la petite table à côté de celles des barons. La mafia s'est policée, s'est fondue dans le moule de l'époque. Elle achète des hôtels, des entreprises de transport, des pizzerias. Elle achète des

* L'ancien patron du Medef est dans le viseur de la justice dans deux informations ouvertes en 2012 à Paris. L'une pour *soupçon de délit d'initiés et manipulation de cours*. L'autre pour *fraude fiscale.* Plusieurs perquisitions ont eu lieu en janvier 2013 à son domicile, dans ses bureaux et chez ses avocats.

banques plutôt que de les braquer. Elle paie des ingénieurs financiers qui ont toujours deux coups d'avance.

Cette ingénierie – ce sens des affaires, ce jeu de coulisse, ce pillage – n'est pas sans effet sur nos vies. Chaque année ici, les queues s'allongent devant les bus des Restaurants du cœur. Entre le monde de l'industrie qui se paupérise et celui de ces cités ouvrières, au-dessus de ces villages endormis, on a créé un monde sans loi. Un village financier peuplé d'initiés qui spéculent et créent des mondes intermédiaires. On parie et on invente des produits financiers, des couvertures, des effacements de traces. Qui contrôle ces pyramides de lucre ? Personne. Un canard sans tête. Ces produits financiers enflent tandis que les ressources qui pourraient garantir les risques s'épuisent. Les banques et les marchés financiers ébruitent des nouvelles, alignent des chiffres que publient les journaux pour occuper l'espace, faire croire à l'existence de règles. L'invention d'indices vise à masquer une faillite globale. L'idée que ce système serait éternel est sans fondement. La matière noire de la finance, l'enrichissement de quelques-uns au détriment du plus grand nombre, la financiarisation de l'économie, la non-rémunération à une juste valeur du travail des hommes, l'épuisement des ressources énergétiques tendent vers un effondrement. Le capitalisme n'est pas devenu de plus en plus fou, mais de plus en plus clandestin. Et décérébré. Pas de marionnettiste derrière le bordel. Du vide.

Si les soubresauts du monde étaient une partie de basket, on serait dans le *money time*. Ce moment si particulier où les événements s'accélèrent, où les hommes ont plus de mal à tricher, où l'argent devient la clé du match. George Eddy, l'exégète du foot et du basket américain sur Canal, a inventé l'expression pendant qu'il commentait un match des *Lakers*. Ce devait être à la fin des années 80. On pensait alors être au summum des années frics, des affaires de corruption politique, du sport business. On célébrait en permanence dans les magazines et à la télévision l'arrogante victoire du libéralisme. L'expression *money time* a gagné les terrains de football, de handball, de rugby, de hockey, de tennis sans toucher la sphère politique. À la fin d'un match, chaque seconde vaut des tonnes d'or. Avec l'avènement des sociétés de paris sportifs, le *money time* finit par brasser des fortunes. Chaque action, chaque geste peut faire basculer un compte en banque, une équipe, un pays. Inutile de rigoler ou de se regarder dans le blanc des yeux, plus le temps de mentir ou de finasser. Les joueurs doivent sortir leurs tripes. On voit alors ceux qui tiennent la route et les baltringues. C'est la minute de vérité. Tu perds un million sur un shoot à trois points de Tony Parker. Tu en gagnes autant sur une lucarne de Lionel Messi. L'espace de quelques secondes, surtout après un ratage, on se dit que tout est fini. Mais le lendemain, la partie reprend.

Nos poches sont vides. J'ai beau me retourner, je ne vois aucun tireur à trois points capables de gagner une partie sur un shoot. Qu'est-ce qu'il nous reste pour renverser la vapeur ? Dix ans, vingt ans, trente ? Woody aura mon âge et je ne serai plus là pour lui faire croire que tout finit toujours par s'arranger. Le pic pétrolier sera atteint. On ira decrescendo. On y va déjà. Si l'on prend en compte la naissance de la Ve République, on est dans le *money time* d'une histoire pleine de tumultes, de fureur, de révolte, d'armistices et de frustrations. Le chrono tourne. Plusieurs pays peuvent perdre la face. Quand on décrétera que les caisses des États seront trop vides pour subvenir aux besoins d'une école, d'une cantine ou d'une maternité, il sera trop tard. On aura perdu. Mon boulot n'est pas seulement de protéger Woody. Il faut qu'il soit armé, qu'il apprenne à se défendre, qu'il ait confiance aux autres. En même temps, il doit rester solide sur ses arrières, ne pas croire tout ce qu'on lui raconte. Surtout quand on lui répétera plusieurs fois, façon méthode Coué. Surtout quand ce sera en 3D, avec une musique planante. Il devra faire son chemin dans une jungle bruyante. Et le tri entre ce qui est juste et injuste, vrai et faux. Rien ne sera évident.

Les biens s'accumulent d'un côté, la pauvreté se creuse de l'autre. Ici, entre Rosselange, Moyeuvre et Florange, le vol est ostensible. Les banquiers d'affaires et leurs ingénieurs financiers sont les maîtres d'œuvre de cette stratégie visant à la dilapidation des biens collectifs. Ce sont des pickpockets inventifs. Ils veulent sauver leur système, leurs arrangements. Ce qui est en jeu et en danger, ce n'est pas le capitalisme, mais le système financier. Le capitalisme est increvable. Il renaîtra de ses cendres. Le système financier peut, lui, s'effondrer demain. Comme ces maisons qui se fissurent et sont inhabitables. Le sous-sol est devenu poreux, plein de trous d'air. Le krach peut venir de l'Espagne, du Portugal. Il peut même venir de l'Allemagne, de France. Ou des États-Unis. *One more time.* Nous sommes dans une sorte de jeu vidéo où tout est vrai. Un casino géant où on passe d'un monde à l'autre en misant sur des promesses de fortune. Les *hedge funds* ou fonds spéculatifs restent l'essence du jeu. Il faut miser plus pour gagner plus. Et planquer son as, comme au poker. Celui qui arrête de jouer, essaie de se reposer deux secondes, perd la partie. Le secret du jeu, c'est le mouvement. Et l'absence de règles. Toute règle est une limite. Le principe du jeu est de refuser les limites. Imposer la dernière mise. Si Madoff avait eu l'appui d'une banque pour un dernier prêt, il serait toujours le roi du monde. Et Kerviel aurait pu s'en tirer si la Société générale n'avait pas arrêté la partie. Sous l'apparente banalité de leurs gestes, derrière les écrans plasma, entre les entrées et les sorties de limousines, se joue le dernier acte du capitalisme financier. Sa prédation. Sa désintégration. L'informatique est à ce point géniale qu'elle joue sans trace immédiate et apparente. Elle dématérialise à mort. Le mal viendra plus tard. Les prédateurs jouent sur du velours depuis tant d'années. Vifs comme des léopards, ils nous entubent avec maestria. Leurs valets nous endorment. Même si parfois, ils montrent leurs dents de lait et leurs petits muscles. Un jour, nous nous rendrons compte qu'ils sont allés trop loin. Ce sera trop tard. Ce sera la barbarie. Nous serons sur des routes à nous demander comment on a pu laisser filer la situation. Ils seront responsables du désastre. Ça nous fera une belle jambe. Je suis né à Moyeuvre. La maternité a fermé. Plus personne ne naîtra ici.

– *On y va papa ?*

– *On y va, Woody.*

Table

Édition : Laurence Lacour
Coordination éditoriale : Maude Sapin
Maquette : Daniel Collet (In Folio)
Révision : Nicole Mison

Achevé d'imprimer en France par Hérissey
à Évreux (Eure) en septembre 2013.
ISBN : 978-2-35204-279-2
N° d'impression : 121150
Dépôt légal : octobre 2013